JN494618

케어기버 지원 프로그램

Second Edition

Caring for You, Caring for Me

David H. Haigler · Laura J. Bauer · Kathryn B. Mims 공저 | RCI-KOREA 케어기빙 연구소 역

학지사

Caring For You, Caring For Me
by Rosalynn Carter Institute for Caregiving

Korean Translation Copyright © **2011** by Hakjisa Publisher, Inc.

Copyright © 2007 Rosalynn Carter Institute for Caregiving

All rights reserved.

본 저작물의 한국어판 저작권은
Rosalynn Carter Institute for Caregiving과의 독점계약으로
(주)학지사가 소유합니다.
저작권법에 의해 한국 내에서 보호를 받는 저작물이므로
무단 전재와 무단 복제를 금합니다.

케어기버 지원 프로그램

Second Edition

Caring for You, Caring for Me

David H. Haigler · Laura J. Bauer · Kathryn B. Mims 공저 | RCI－KOREA 케어기빙 연구소 역

학지사

고려사이버대학교 RCI-KOREA 케어기빙 연구소와
조지아 남서부대학교 RCI와의 인연은
2009년 4월에 시작되어 이어지고 있습니다.
우리 두 연구소는 전문 돌봄제공자 교육과정과
돌봄제공자를 위한 실천 프로그램을 공동으로 개발하고
이를 국제적으로 보급하는 일에 힘쓰고 있으며
이 번역서는 그러한 노력의 결실입니다.

한국 로잘린 카터 케어기빙 연구소 RCI-KOREA
http://www.cyberkorea.ac.kr / 02-6361-1977

| 역자 서문 |

최근 우리 사회에서 고령화가 진행되면서 돌봄(caregiving)을 필요로 하는 사람들의 수가 급격히 증가하고 있다. 이에 비해 저출산과 여성의 사회진출로 돌보는 사람의 수는 나날이 감소하여 돌봄의 위기가 도래하고 있다. 그러나 아직까지 우리 사회의 주된 관심은 돌봄을 필요로 하는 사람에게 집중되고 있어 돌봄을 제공하는 돌봄제공자(caregiver)에 대한 정책과 실천 프로그램이 매우 부족하여 이에 대한 대책 마련이 시급한 실정이다.

돌봄제공자에 대한 정책 및 실천분야에 선도적 역할을 수행하고 있는 미국의 경우, 제39대 대통령의 부인 로잘린 카터(Eleanor Rosalynn Smith Carter) 여사가 일찍이 정신보건에 관심을 가지고 본인 가족의 경험을 통해 돌봄제공자의 어려움을 인식하고, 그들을 돕기 위해서 모교인 조지아 남서부대학교(GSW)에 '로잘린 카터 케어기빙 연구소'(RCI, Rosalynn Carter Institute for Caregiving)를 설립하였다. 이곳은 현재 미국의 대표적인 돌봄제공자 연구 및 실천기관으로 자리 잡고 있다. 고려사이버대학교는 2009년 4월 GSW와 공동협약을 체결하면서 RCI와 함께 한국의 돌봄제공자를 위한 교육 및 서비스 프로그램을 개발하기 위해 다양한 노력을 기울여 왔다. 또한 2010년 3월에는 'RCI-KOREA 케어기빙 연구소'를 개소하였으며, 이 자리에는 지미 카터 전 미국 대통령 내외가 방문하여 한국의 돌봄제공자를 위한 연구소 설립을 축하하고 향후 발전적인 협력사업 전개에 대한 희망의 메시지를 전달하였다. 지금까지 두 연구소는 우리나라

최초의 전문돌봄제공자 교과과정을 공동 개발하여 우리 사회에 제공하고 있으며 또한 한국형 프로그램도 개발 중에 있다.

이 책은 돌봄제공자를 위한 프로그램으로, 1998년 RCI에서 개발한 이후 수많은 실천과 검증을 거쳐 2007년 새롭게 개정한 Caring for You, Caring for Me(2nd ed.)을 우리 연구소가 번역한 것이다. 그래서 이 번역 프로그램은 두 연구소가 공동으로 실시하는 실천 프로그램의 첫 번째 결실이기도 하지만, 무엇보다도 한국의 돌봄제공자들이 참고할 수 있는 실천프로그램이 처음으로 우리 사회에 소개되었다는 것에 큰 의미를 지닌다. 이 책은 돌봄제공자와 관련한 의료기관, 케어시설, 요양기관 종사자, 사회복지기관실무자, 노인복지시설종사자 및 가족 돌봄제공자, 자원봉사자들에게 중요한 지침서가 될 것이며 또한 한국의 돌봄제공자들을 위한 실천 프로그램을 본격화하는 데 도움을 줄 것이라 믿는다.

이 책이 나올 수 있도록 한국 사회에서 돌봄 문화를 정착시키기 위해 연구소의 설립과 발전에 물심양면으로 지원과 도움을 아끼지 않으신 김중순, 켄달 블렌차드 두 총장님께 감사드린다. 또한 이 책의 번역출간을 흔쾌히 허락해주신 RCI 소장 리사 이슴과 본 프로그램의 개발자인 데이비드 헤글러, 로라 바우어, 캐서린 밈스에게도 깊은 감사를 드린다. 부디 우리 연구위원들의 조그마한 노력이 진정으로 도움을 필요로 하는 많은 돌봄제공자들에게 실제적인 도움을 줄 수 있기를 바란다.

2011년 8월

고려사이버대학교

RCI-KOREA 케어기빙 연구소

| 한국어판 발간에 붙여 |

이 책의 초판은 돌봄제공 과정에 대한 지식, 비슷한 상황에 처한 다른 돌봄제공자들로부터의 지지, 도움을 받을 수 있는 지역사회 자원들에 대해 더 많은 정보를 원하는 돌봄제공자들의 요구에 부응하여 개발되었다. 개발 당시의 기본 주제는 돌봄제공자의 자기돌봄의 중요성, 돌봄제공자들의 상황에 공통된 요구와 관심사가 있다는 믿음, 전문 돌봄제공자와 가족 돌봄제공자가 서로 협력할 때 좀 더 효과적인 돌봄이 제공될 수 있다는 인식이었다. 초판은 로잘린 카터 케어기빙 연구소 주변의 조지아 주 지역에서 프로그램 검증을 거친 후 발간되었다. 미국 내 수많은 가족 및 전문 돌봄제공자들에게 초판이 보급된 후에 좀 더 사용하기 편리한 2판의 발간이 요구되었다.

『케어기버 지원 프로그램: Caring for You, Caring for Me』가 국제적인 독자를 갖게 될 것이라고는 생각하지 못했다. 미국 내의 다양한 민족을 위해 비공식적으로 스페인어와 중국어로 번역된 적은 있지만, 다른 나라에서 사용하기 위해 프로그램이 번역되기는 이번이 처음이다. 우리는 로잘린 카터 케어기빙 연구소와 함께 돌봄제공자들을 확인하고 지원하고자 하는 고려사이버대학교의 노력을 높이 평가한다. 이 프로그램이 자신이 돌봄제공자임을 확인하고, 돌봄제공 수행에 필요한 교육과 지원을 받으며, 지역사회의 자원들에 접근하고, 가족 돌봄제공자와 전문 돌봄제공자 간의 협력을 통해 장기간 지탱할 수 있게 해 줄 방법을 제공함으로써 한국의 '케어기빙 위기' 극복에 도움이 되기를 진심으로 바란다.

David H. Haigler, EdD, LMSW
Retired Deputy Director
Rosalynn Carter Institute for Caregiving

Laura J. Bauer Granberry, MPA
Director of National Initiatives
Rosalynn Carter Institute for Caregiving

| 서 문 |

우리는 평생 선택하거나 주어진 다양한 역할을 하면서 많은 것을 배우고 얻는다. 배우자, 부모, 근로자와 같은 역할을 예상하고 준비하고 즐길 수 있다. 그러나 '돌봄제공자' 역할은 갑자기 떠맡겨지는 경우가 많다. 우리는 심각한 환자를 돌보아야 하는 요구에 대처할 만큼 충분히 준비가 되어 있지 않은 경우가 많다. 전문가들조차도 비록 학문적으로는 서비스를 제공할 준비가 되었더라도 다른 사람들에게 양질의 서비스를 지속적으로 제공할 수 있도록 자기 자신을 돌보는 훈련은 거의 되어 있지 않다.

『케어기버 지원 프로그램: Caring for You, Caring for Me』는 돌봄제공자들과 돌봄 받는 사람들에게 가장 도움이 되는 것으로 알려진 기술들과 관계를 개발하도록, 가족 및 전문 돌봄제공자를 도와주는 길라잡이(안내서)로 총 다섯 개의 장으로 구성되어 있다. 구체적인 내용은 다음과 같다.

- 복잡하고 세분화된 건강 및 사회 서비스 체계를 이용할 때 가족 및 전문 돌봄제공자 간의 친밀한 관여
- 전문가들이 가족들과 쉽고 편안하게 관계 맺기
- 가족과 전문가가 하나가 되어, 불쾌하거나 어려운 일이라도 필요한 것은 하는 관계

- 전문 및 가족 돌봄제공자 간의 협동, 이해, 지원 및 풍부한 자원
- 가족 및 전문 돌봄제공자 모두 상대방의 지식과 재능을 존중
- 새로운 정보 습득과 필요한 기술 개발

이 프로그램에서 강조되는 기본 전제는 가족의 돌봄제공 역할이 학습되고 올바르게 인식될 수 있다는 것 그리고 전문가들이 자기돌봄의 욕구를 다루어야 한다는 것이다. 이 프로그램의 주요 목표는 다른 사람들을 지원하는 동안 모든 돌봄제공자들이 신체적 · 심리적 안녕을 유지하도록 도와주는 과정을 만드는 것이다. 이 책에서는 돌봄제공 과정을 다음의 세 가지 독특한 역할 간의 균형으로 정의한다.

- **가족 돌봄제공자**: 다른 사람에게 돌봄과 원조를 제공하는 사람을 말한다. 이때의 돌봄은 보통 친척, 친구 또는 동료가 재정이나 물질적 이익 없이 관심과 사랑을 표현하는 것으로써 지속적인 관계 맥락에서 제공된다.
- **전문 돌봄제공자**: 공식적 훈련을 통해 습득한 기술, 지식 및 통찰력을 사용하는 전문적 기능으로 다른 사람들에게 건강 돌봄이나 사회 서비스를 제공하는 사람을 말한다.
- **돌봄 받는 사람**: 정신적 또는 육체적으로 기능이 손상된 상태에서 다른 이들에게 부분적 혹은 전적으로 의존하는 사람을 말한다. 많은 경우, 그 상태는 장기적이고 개선의 가능성이 없는 경우가 대부분이다.

돌봄 받는 사람과의 관계의 특성상 가족 및 전문 돌봄제공자는 돌봄의 필요에 부응하는 방식이 다르다. 종종 책임이 중복되고 역할 교대가 가능한 때가 많다. 따라서 팀워크와 서로의 일에 대한 존중이 필수적이다. 케어기버 지원 프로그램은 가족 및 전문 돌봄제공자들이 함께 일하도록 준비시키고, 진실된 파트너십을 통해서만이 클라이언트와 사랑하는 사람들…… 그리고 그들 자신에게 가장 효과적이고 따뜻한 돌봄을 제공할 수 있다는 것을 강조한다.

이 책의 초판은 1998년에 출판되었고, 이후 미국의 수천 명의 가족 및 전문 돌봄제공자들에게 시행되었다. 이번 2판은 동일한 접근과 내용을 담고 있으나 적용(실천)하기 쉽게 개선되었다.

케어기버 지원 프로그램은 모든 지역사회를 위한 중요한 도구다. 장기적인 돌봄은 언제, 누구에게나 찾아올 수 있는데, 이러한 돌봄 과제는 스트레스로 느껴질 수 있다. 그러나 지식과 협동정신이 있다면 모든 가족 및 전문 돌봄제공자들은 돌봄의 제공에 대한 보상으로 도움이 필요한 사람들을 돕는 데서 오는 성취감을 경험할 수 있다.

Rosalynn Carter
President of the Board of Directors
Rosalynn Carter Institute for Caregiving

| 감사의 글 |

로잘린 카터 케어기빙 연구소는 케어기버 지원 프로그램의 최초 개발과 시연을 지원해 준 다음 두 기관에 깊은 감사의 마음을 전한다.

The Pew Charitable Trusts
Philadelphia, Pennsylvania
The Charles L. Mix Memorial Fund
Americus, Georgia

많은 분들이 케어기버 지원 프로그램의 개발을 위해서 시간과 전문성을 기여하고 지원해 주었다. 이 프로그램이 중서부 조지아 지역에서 성공적으로 시행되고 전국적으로 활성화된 것은 오직 그들의 노력과 헌신 덕분이었다. 첫 번째로 감사드릴 분은 프로그램의 개발 및 평가의 전 단계에서 조언과 지침을 주었던 중서부 조지아 돌봄제공자 네트워크 지원 및 훈련위원회(CARE-NET: The Support and Training Committee of the West Central Georgia Caregivers Network)다. 이 위원회의 구성원은 다음과 같다.

Carolyn Wenner Campbell, Social Services Department, Sumter Regional Hospital, Americus, Georgia

Susan Ellis, Network AIDS, Inc., Columbus, Georgia

Mary Jane Ethridge, Mental Retardation Services, Middle Flint Behavioral HealthCare, Cordele, Georgia

Faye Frazier, Schley County Department of Family and Children Services, Ellaville, Georgia

Hilda Govan, Community Care Program, District Office, Division of Public Health, Columbus, Georgia

Margaret Gray, EdD, School of Nursing, Georgia Southwestern State University, Americus, Georgia

David Haigler, EdD (Committee Chairperson), Rosalynn Carter Institute, Americus, Georgia

Mickey Holloway, Middle Flint Area Agency on Aging, Americus, Georgia

Maureen Humphries, Patient Advocacy, West Central Georgia Regional Hospital, Columbus, Georgia

Kathryn Mims, PhD, Rosalynn Carter Institute, Americus, Georgia

Jimmie Parks, Muscogee County Headstart Program, Columbus, Gerogia

Eloise Paschal, Media Services, Sumter County Public Schools, Americus, Georgia

Dianne Red, Greater Columbus Alzheimer's Association, Columbus, Gerogia

Jackie Titus, Allied Healty Professions, Columbus State University, Columbus, Georgia

Janet Winkler, Continuing Education, Georgia Southwestern State University, Americus, Georgia

로잘린 카터 케어기빙 연구소는 특히 『케어기버 지원 프로그램: Caring for You, Caring for Me』를 이 프로그램의 제목으로 제안해 준 재키 티투스(Jackie Titus) 위원에게 감사의 마음을 전한다. 또한 프로그램 개발을 전반적으로 감독해 주고, 중서부 조지아 지역의 돌봄제공자들에게 정보를 제공할 때 지원해 준 CARE-NET의 리더십 위원회(Leadership Counsil)에 감사의 마음을 전한다.

특별히 돌봄제공자 지원 및 교육과 자료 개발에 있어 RCI 이사회의 로잘린 카터 이사장 및 이사들의 비전과 지원, 격려에 깊은 감사를 전한다. 또한 전 RCI 소장 론다 텔리(Ronda Talley) 박사와 현 RCI 소장으로 이번 2판의 출판을 책임지고 있는 리차드 버켈(Richard Birkel) 박사에게도 깊은 감사의 마음을 전한다. 이 책을 출판하고 안내하고 보급하는 전 과정에 수많은 직원과 학생들의 지원이 있었다.

마지막으로 케어기버 지원 프로그램에 참여하여 프로그램을 평가하고, 돌봄경험에서의 개인적인 기쁨과 부담을 우리와 동료 돌봄제공자들과 함께 나누어 준 가족 및 전문 돌봄제공자들에게 심심한 감사의 말씀을 드린다.

| 차 례 |

이 책의 소개

케어기버 지원 프로그램

개 관

돌봄에 관한 많은 연구에 의하면(Bass, 1990; Biegel, Sales, & Schulz, 1991; Fradkin & Heath, 1992; Hooyman & Gonyea, 1995; Medicare Rights Center, 2002; National Alliance for Caregiving and American Association for Retired Persons, 2004; Nottingham et al., 1993; The Robert Wood Johnson Foundation and FACCT-The Foundation for Accountability, 2001; Navaie-Walforr et al., 2001/2002), 돌봄제공자들은 다른 돌봄제공자로부터의 지원과 연계, 자신들의 다양한 역할에 대한 정보의 필요성을 표현하고 있음을 알 수 있다. 『케어기버 지원 프로그램: Caring for You, Caring for Me(2판)』은 그러한 요구에 부응하여 전문 및 가족 돌봄제공자들이 편안한 자리에서 함께 공통 주제를 논하고, 생각을 나누며, 돌봄에 대한 서로의 관점을 더 잘 이해하도록 고안되었다.

이 프로그램은 활용할 수 있는 유인물과 비디오 테이프, 돌봄제공의 세부 주제에 관한 워크숍, 돌봄제공자들을 위한 지원집단을 포함한 포괄적인 지원과 교육사업의 일환으로 개발되고 시연되었다. 이 프로그램은 개인과 기관 및 조직이 굳게 연대하여 돌봄제공자의 필요와 관심사를 함께 다루는 지역에서 시행되었다. 케어기버 지원은 별도의 프로그램으로 제공되어도 돌봄제공자들에게 유익하겠지만, 돌봄제공자를 위한 다른 자원들과 함께 제공하거나, 다양한 기관과 조직들이 돌봄제공자들의 필요와 관심사를 협업 방식으로 처리하는 지역사회 안에서 가장 효과적일 것이다.

프로그램 가이드 세부사항

이 프로그램 가이드는 지역사회에서 로잘린 카터 케어기빙 연구소의 케어기버 지원 프로그램을 실시하기를 원하는 전문 및 가족 돌봄제공자들의 요청에 따라 개발되었다. 이 가이드의 첫 번째 목적은 효과적인 돌봄제공자 교육과 지원 프로그램을 개발하여 개인과 집단을 돕는 것이다. 이 가이드에는 프로그램 진행자와 참여자들에게 필요한 코스 자료, 연습 및 참고 자료들이 담겨 있다. 다양한 주제와 환경으로 인해 각 지역사회에서 돌봄제공자를 위한 맞춤형 교육을 위해 아이디어들을 수정해야 할 수도 있다. 가이드에 있는 자료를 모두 다루지 못하더라도 걱정하지 말라. 참여자들의 다양한 건강과 정서적 관심사 때문에 좀 더 유연한 일정을 따라야 할 수도 있다.

프로그램 형식과 학습목표

이 프로그램은 10시간으로 구성되어 있다. 프로그램은 주 1회 총 5회 실행하도록 만들어졌다. 각 세션은 2시간의 교육과 15분의 휴식으로 구성된다. 이 형식이 모든 집단이나 지역사회에 가장 효과적이거나 편리한 것은 아닐 수도 있으므로 방식은 변형시킬 수 있다. 예를 들어, 5일 밤 연속으로 또는 이틀짜리 워크숍으로 진행할 수 있다. 프로그램을 계획할 때, 각 지역의 돌봄제공자에게 가장 좋은 것이 무엇인지 고려하라.

이 프로그램은 돌봄 받는 사람(들)의 구체적인 필요가 무엇이건, 모든 전문 및 가족 돌봄제공자에게 유용한 정보를 담고 있다는 점에서 포괄적이다. 이 프로그램의 의도는 참여자들에게 자신의 개인적 '이야기'와 경험을 나눌 수 있는 기회를 제공할 뿐만 아니라 돌봄제공의 다양한 측면에 대한 정확한 정보를 제공하는 것이다. 이러한 나눔을 통해서 참여자들은 절실히 요구되었던 지원을 주고받게 된다.

케어기버 지원 프로그램의 일반적인 목적은 전문 및 가족 돌봄제공자들에게 다음과 같은 기회를 주는 것이다.

- 돌봄제공과 관련된 다양한 주제에 대한 정보를 얻는다.
- 돌봄제공자의 스트레스와 긴장을 다루는 방법을 배운다.

- 가까운 지역, 더 큰 지역사회, 전국적으로 활용 가능한 자원들에 대해 배운다.
- 돌봄 역할에서 직면하게 되는 좌절과 장애물을 줄이도록 함께 일하는 방법을 찾는다.
- 공동의 관심사를 나눈다.
- 그들이 혼자가 아니라는 것-다른 사람들도 비슷한 감정을 느끼고 비슷한 문제를 갖고 있다는 것을 깨닫는다.

내 용

케어기버 지원 프로그램 내용은 돌봄제공자들의 특성과 욕구에 관한 연구결과, (돌봄제공자를 위한 교육 프로그램들을 포함한) 돌봄제공 문헌의 광범위한 검토 그리고 RCI 훈련 및 지원 위원회의 전문 및 가족 돌봄제공자들의 전문성을 토대로 한 것이다. 1998년 첫 판 출간에 앞서, 18개월 동안 지방과 도시 현장에서 시범 운영되었다. 이 프로그램은 문헌평가와 프로그램 계획 위원회의 추천에 기초하여 수정과정을 거쳤다. 2판은 미국의 많은 프로그램 진행자들의 피드백을 토대로 더 많이 개정되었다.

■ 제1장: 돌봄제공자가 된다는 것은 무엇을 의미하는가

이 세션은 참여자들에게 프로그램을 소개하여 폭넓게 돌봄제공을 이해할 수 있도록 돕고, 돌봄제공 경험을 서로 나누는 기회를 제공하도록 고안되었다. 이 세션의 주 목적은 집단의 개방적이고 신뢰로운 분위기를 촉진하여 참여자들이 혼자가 아니라는 것을 이해하도록 돕는 것이다.

■ 제2장: 자기 자신을 돌보기

돌봄제공자들은 자주 돌봄 받는 사람과 돌봄제공 과정에 관여되는 사람들의 필요에 초점을 맞추고 열중하게 된다. 결과적으로 그들은 자신의 필요는 무시하고 자기 자신을 돌보지는 못할 수 있다. 이 세션에서는 참여자들이 자기 자신을 얼마나 잘 돌보고 있는지 평가하고, 자신을 돌보지 않았을 때의 잠재적인 영향들을 알아보고 '자기돌봄' 기술을 향상시키는 방법을 결정하게 된다.

■ 제3장: 협력관계 맺기

돌봄제공 관계에는 돌봄 받는 사람, 가족 돌봄제공자, 전문 돌봄제공자 등 최소한 세 명이 관여된다. 가족 및 전문 돌봄제공자 간의 관계는 세 번째 대상자인 돌봄 받는 사람에게 적절하고 효과적인 돌봄을 제공하는 데 중추적인 역할을 한다. 이 세션은 두 유형의 돌봄제공자들이 서로 이해하고 협력적 관계를 만들어 가는 것에 초점을 맞춘다. 전문 및 가족 돌봄제공자들은 각 유형의 어떤 특징과 행동이 '도움이 되는지' 또는 '도움이 되지 않는지'에 대해 서로의 생각을 나누게 된다. 그다음 협력을 증진시키도록 서로에게 조언한다.

■ 제4장: 문제의 예방과 해결

돌봄을 제공하는 내내 많은 문제에 직면하게 되는데, 이 세션은 참여자들이 문제해결 모델을 이해하고 활용하도록 돕기 위한 것이다. 이 모델에서는 사례 연구가 소개되고, 참여자들은 소집단으로 모여 그들이 현재 경험하고 있는 실제 문제에 이 모델을 적용해 보는 연습을 하게 된다.

■ 제5장: 자원에 대한 접근과 개발

다양한 지역사회에서 돌봄제공자가 활용할 수 있는 자원을 파악하고 이해한다는 것은 전문 서비스 체제 내의 기관이나 조직의 돌봄제공자에게조차도 어렵고 혼란스러운 일이다. 이 세션은 돌봄제공자들이 자원 접근을 방해하는 장애물을 이해하고, 전문 돌봄 및 서비스 체제를 탐색하는 전략을 개발하도록 돕고, 지역사회에서 활용 가능한 자원을 알게 해 주기 위한 것이다. 이 세션에서는 지역의 서비스에 대해 알고 있는 사람을 초대하여 참여자들에게 알려 주는 것이 도움이 된다. 집단 내의 전문 돌봄제공자들도 자기 기관 및 조직, 제공하는 서비스에 대한 정보를 공유하도록 격려한다.

케어기버 지원 프로그램의 실행

집단의 크기와 구성

케어기버 지원 프로그램의 이상적인 집단 크기는 15~25명 사이이다. 돌봄제공의 특성을 고려할 때, 참여자 수가 이보다 적으면 어떤 세션은 참여자가 거의 없어 집단 활동을 효과적으로 실행하기 어려울 수도 있다. 집단 크기를 제한하면 프로그램의 상호적이고 지원적인 면도 강화된다.

전문 및 가족 돌봄제공자를 적절하게 섞는 것이 좋다. 또한 건강상태, 인종 및 문화집단을 다양하게 포함시키는 것이 좋다.

시 설

프로그램 참여자의 수를 제한한다 할지라도 소집단 활동이 충분히 가능한 크기의 방에서 프로그램을 실행하는 것은 중요하다. 개인 책상이나 의자, 긴 연회용 책상보다는 4~6명가량이 앉을 수 있는 작은 테이블이 좋다. 작은 테이블은 메모하고 쓰는 작업을 할 수 있으며, 소집단 활동도 할 수 있는 융통성이 있다.

지역사회의 중심에 위치한 공공 도서관, 지역사회 센터나 회의 센터와 같이 '중립적'이거나 '공통 기반'으로 간주되는 곳이 바람직하다. 어떤 기관이나 다른 조직의 현장 대신에 중립적인 장소에서 프로그램을 하게 되면 참여자가 고루 섞일 뿐만 아니라 프로그램의 협력적 특성이 강화될 것이다.

프로그램 진행자

케어기버 지원 프로그램 실행에는 가르치고, 소집단 활동을 촉진하고, 다양한 배경을 가진 돌봄제공자들과 의사소통하는 기술을 가진 진행자가 필요하다. 진행자가 전문 및 가족 돌봄제공자 경험을 모두 가지고 있다면 더욱 유용할 것이다. 이 프로그램을 이끄는 데 특별한 전문학위나 자격증이 한정되어 있지는 않다. 하지만 적절한 자격증을 보유하고 프로그램 실행에 필요한 지식과 기술을 가지고 있다고 생각되는 사람들로는 전문 상담자, 사회복지사, 심리학자, 간호사, 교육자 및 성직자가 있다. 또한 코리더(co-leader)와 가족 돌봄제공자를 포함하는 것도 고려한다.

시 간

이 프로그램을 실행하는 데 최고의 시간은 없다. 이상적으로는 모든 돌봄제공자들이 프로그램을 이용할 수 있도록 주간과 야간의 다양한 시간에 제공되어야 한다.

주제의 순서

프로그램의 다섯 가지 주제를 제시하는 세부 순서는 프로그램 가이드에 제시되어 있다. 이 순서는 시범사업 중의 현장검증에 기초한 것이지만, 다른 2개의 대안도 제시한다.

대안 A
- 돌봄제공자가 된다는 것은 무엇을 의미하는가
- 협력관계 맺기
- 문제예방 및 해결
- 자원에 접근하고 개발하기
- 자기 자신 돌보기

대안 B
- 돌봄제공자가 된다는 것은 무엇을 의미하는가
- 협력관계 맺기

–자원에 접근하고 개발하기
–문제예방 및 해결
–자기 자신 돌보기

프로그램 진행자는 가장 편안한 구조를 찾기 위해 프로그램 순서를 바꿔서 해볼 필요가 있다.

준비물

준비물은 각 장의 첫 페이지에 제시되었다. 다음 준비물은 프로그램 전 과정에 필요한 것들이다.

- 프로젝터
- 칠판, 화이트보드, 전지 등
- 참여자용 용지
- 마커 또는 분필
- 참여자용 필기도구
- 유인물 사본

환 경

편안하고 따뜻한 학습환경은 생각과 관심사를 공개적으로 나누고 개인적 경험을 공유하도록 촉진해 준다. 세션을 시작할 때와 쉬는 시간 동안 가벼운 다과를 준비한다. 다과는 후원기관이나 조직 또는 프로그램 참여자들이 제공할 수 있다. 특히 초기 세션에서는 명찰, 테이블 위의 이름표 등 신원을 확인해 줄 수 있는 것이 필요하다.

평 가

참여자 평가는 어떤 교육 프로그램에서나 중요한 부분이다. 참여자 평가는 제5장 〈유인물 5–

4(A)〉 부분에 제공된다. 고유의 평가 양식을 만들거나 또는 좀 더 복합적인 효과나 성과 평가를 실행할 수 있다.

공동주최

돌봄제공자의 협력을 증진하는 한 가지 방법은 프로그램을 공동주최할 조직을 초대하는 것이다. 이 방법은 가족 및 전문 돌봄제공자를 함께 참여시키는 데도 도움이 된다. 공동주최하는 조직의 크기와 영역에 따라 공동주최 집단과 연계하지 않은 집단들에게도 프로그램을 개방한다.

프로그램 홍보

케어기버 지원 프로그램이 실행되는 특정 지역에 따라 프로그램을 효과적으로 홍보하는 방식이 있다. 다양한 측면에서의 홍보 방법이 있다.

- 브로셔
- 미디어 보도와 출연
- 지역 대행사나 기관 접촉
- 이전 프로그램 참여자와의 접촉
- 특히 작은 지역사회에서는 대행사 및 기관을 비공식적으로 방문
- 특정 단체와 지역사회 기관들에 프리젠테이션

지역사회 안에서 최대한 많은 사람들이 받을 수 있게 브로셔를 배포할 수 있는 다양한 방법을 생각해 보라.

- 우편 및 이메일로 개별적으로 브로셔 발송하기
- 지역사회 대행사, 기관, 교회, 도서관 등에 브로셔를 발송하고 방문자, 구성원 및 고객들에게 배부해 달라고 요청하기

- 의원, 병원 및 요양원 로비, 공공 도서관, 상공회의소, 보건소 등의 공공장소에 브로셔 비치하기
- 이전 프로그램 참여자들에게 브로셔 발송, 이 프로그램이 필요한 사람들에게 나누어 달라고 요청하기
- 지역 기관의 웹사이트에 브로셔 올리기

프로그램 가이드 사용방법

내용 편성

이 프로그램 실행에 필요한 모든 교수자료와 시각자료들은 프로그램 가이드에 포함되어 있다. 다섯 개 장의 수업 계획은 추천된 제시 순서에 포함되어 있다. 각 장에는 다음과 같은 자료가 제공된다.

- 목차, 목표, 간단한 주제 개요 및 준비물을 제시한 표지
- 프리젠테이션 자료(스크립트)
- 교수 방법과 영상/슬라이드
- 참고문헌
- 복사할 수 있는 유인물

형 식

각 장마다 주요 개념(내용)이 프로그램 진행자용 '스크립트'인 표준진술문 형태로 제시된다. 진행자에게 주는 교수 방법에 관한 지시(슬라이드, 유인물, 토론 질문 및 집단 활동에 대한 언급 포함)는 다음의 예에서처럼 박스 처리하여 본문과 구별되게 삽입하였다.

(예)

__________은 유인물을 의미한다.

__________은 프로그램 진행자가 촉진하는 활동을 나타낸다.

각 장의 학습 활동들은 교수 개념을 시연하도록 개발된 활동들이다. 모든 활동들은 어느 정도 성공적으로 현장검증을 거친 것이다. 하지만 좀 더 편하거나 효과적으로 생각되는 활동을 시도해도 상관없다. 참고문헌은 각 장의 수업계획 마지막에 있다.

각 교육계획 뒤에 그 장에서 사용되는 교수자료들이 나온다. 교수자료마다 번호가 매겨져 있고, 다음 회기 제목이 적혀 있다. 교수자료 다음에는 각 장에서 사용되는 유인물이 나온다. 각 장별로 1-1, 1-2, 2-1, 2-2 등으로 숫자가 표기되어 있다. 활동에 사용되는 유인물은 숫자 옆에 (A)가 붙어 있다. 프로그램 가이드 구매자는 모든 유인물을 복사할 수 있다. 허용문은 각 장에서 유인물의 상단에 제시되어 있다. 참여자용 '유인물 봉투'를 준비할 수도 있지만 (A) 표시가 있는 유인물은 효과를 높이기 위해 활동시간에 따로 나누어 준다.

추가적인 준비

이 프로그램 가이드가 케어기버 지원 프로그램 진행에 필요한 자료를 모두 담고 있긴 하지만, 좀 더 준비하면 더 효과적일 것이다. 물론 필요한 준비의 양은 프로그램 진행자의 지식과 경험에 따라 달라질 것이다. 개인적인 전문 및 가족 돌봄제공 경험은 도움이 된다. 아울러 다음 두 책은 로잘린 카터 케어기빙 연구소의 관점을 더 많이 알게 해 줄 것이다.

- Helping Yourself Help Others: *A Book For Caregivers* by Rosalynn Carter, published by Times Books/Random House (1994).
- Caring & Competent Caregivers by Robert M. Moroney et al., published by the University of Georgia Press (1998).

프로그램 진행자는 준비를 위해 특별한 훈련을 받을 수도 있다. 로잘린 카터 케어기빙 연구소에서는 프로그램 내용을 개관하고, 활동을 시연하고, 프로그램의 원리에 관한 자세한 내용을 소개하고, 홍보 전략을 개발할 시간을 주는 진행자 준비 워크숍을 제공하고 있다. 이 워크숍에 대한 더 많은 정보는 연구소 웹사이트(www.RosalynnCarter.org)를 통해 또는 전화나 서신으로 얻을 수 있다.

Chapter 1

돌봄제공자가 된다는 것은 무엇을 의미하는가

Chapter 1

돌봄제공자가 된다는 것은 무엇을 의미하는가

1. 개 관

1) 목 표

참여자에게 돌봄의 기본 개념을 소개하고 서로 정보와 지지를 나눌 수 있는 친근하고 편안한 분위기를 조성한다.

2) 주 제

- 돌봄제공자의 유형
- 돌봄이 필요한 상황
- 돌봄이 일어나는 장소
- 돌봄에 소요되는 시간

- 돌봄제공자가 되는 과정
- 돌봄제공자의 역할과 임무
- 돌봄제공자가 경험하는 감정과 걱정
- 돌봄관계의 특징
- 프로그램의 주요 원칙

3) 준비물

- 유인물
- 전지와 마커
- 테이프
- 칠판 혹은 화이트보드
- 프로젝터
- 참여자용 필기도구

2. 주요 개념과 방법

1) 소 개

교수자료(번호 없음): 케어기버 지원 프로그램

진행자 소개: 진행자는 다음과 같이 이 프로그램의 배경에 대한 소개를 한다. 이때 필요하다면 프로그램 운영기관, 후원자에 대해서도 간략하게 소개한다.

"『케어기버 지원 프로그램: Caring for You, Caring for Me』는 신체나 정신질환 또는 장애가 있는 사람을 돌보는 사람들을 위한 교육 및 지원 프로그램입니다. 이 프로그램은 로잘린 카터 케어기빙 연구소의 가족 및 전문 돌봄제공자 특별위원회에 의해 개발되었습니다. 총 10시간으로 구성된 이 프로그램은 참여한 여러분에게 정보를 제공하고, 다른 돌봄제공자들과 돌봄과정의 문제와 상황들을 함께 나눌 수 있는 기회를 드립니다. 5주 동안 매주 다른 주제를 다루게 됩니다. 이제부터 몇 분간 앞으로의 일정과 시설, 프로그램 내용에 대해 말씀을 드리도록 하겠습니다."

프로그램 진행자는 다음 사항들을 포함한 간단한 프로그램 안내를 한다.

- 전체 일정
- 장소
- 진행자
- 시설(화장실, 물, 휴게실 등)
- 유인물

2) 세션의 목적

교수자료 1-1: 세션의 목적

유인물 1-1: 세션의 목적

첫 번째 세션의 제목은 '돌봄제공자가 된다는 것은 무엇을 의미하는가'다. 이번 세션의 목적은 다음과 같다.

- 케어기버 지원 프로그램의 소개
- '돌봄제공'과 '돌봄제공자'의 정의
- 돌봄제공자의 중요성, 돌봄의 필요성, 돌봄관계의 특성 그리고 돌봄제공자의 보상과 어려움에 대한 이해 돕기
- 돌봄제공자들이 서로 이해하고 지지하도록 각자의 돌봄 상황과 경험을 나누도록 격려하기

활동 1 자기소개

참여자들에게 자기소개지 〈유인물 1-2(A)〉를 나누어 주고 작성하도록 한다.

자신을 소개하는 방법은 여러 가지가 있다. 가장 간단한 방법은 각자 자기소개를 하고 자기가 현재 어떤 상황에서 돌보는 일을 하고 있는지 이야기하는 것이다. 그러나 이 프로그램의 지지적인 특성을 고려하여 좀 더 상호작용이 될 수 있는 소개 방법을 권한다. 다음 두 가지 방법을 제시하였다. 진행자에게 더 편안하게 느껴지는 다른 활동이 있다면 그 활동으로 대체할 수도 있다.

방법 1

① 참여자들은 자신이 모르는 한 사람을 짝으로 선택한다.

② 전체 집단에게 자기 짝에 대해 이름, 사는 곳, 직업 또는 취미, 돌봄 상황 등을 소개할 수 있도록 준비한다(자기소개지 자료).

③ 몇 분 동안 짝과 대화하며 정보를 얻는다.

④ 집단에 다시 모였을 때 한 명씩 자기 짝에 대해 앞에 설명한 정보를 알려 준다.

방법 2

① 참여자들을 3~4개의 소집단으로 나눈다.

② 참여자들은 각 집단에서 자기소개를 한다. 각자의 돌봄제공 상황에 대해 누구를 돌보는지, 여건, 돌봄의 유형, 어떻게 돌봄제공자가 되었는지 등 다양한 측면을 나눈다.

③ 전체 집단에서 한 사람씩 자신을 소개한다. 그다음 전체 집단과 이전 과정 ②를 하는 동안 알게 된 정보를 나눈다.

이 활동에서 돌봄제공자들이 공유한 정보는 이 세션에서 제시되는 자료를 보충하는 데 활용될 수도 있다. 참여자의 수에 따라 다르지만 20~30분 정도 시간을 할애하면 된다.

3) 돌봄의 기초

교수자료 1-2: 돌봄제공자의 유형

유인물 1-3: 돌봄제공자의 유형

돌봄제공자의 유형을 설명하는 데 연습 사례를 활용한다.

도입부의 활동에서 보았던 것처럼 돌봄제공자는 서로 공통점도 많지만, 왜 돌보게 되었는지에서 차이점도 있다. 돌봄제공에 대해 좀 더 쉽게 이해하기 위해 돌봄제공자의 유형을 네 가지로 구분할 수 있다.

먼저 대부분의 돌봄제공자는 다음 두 유형 중 하나에 속한다.

① 전문 돌봄제공자: 공식적인 훈련을 통해 획득한 기술, 지식 및 통찰력을 가지고 시간제나 전일제로 다른 사람에게 건강 돌봄이나 사회적 서비스를 제공하는 사람이다. 대개 서비스에 대한 보수를 받는다.

② 가족 돌봄제공자: 대개 지속적인 관계의 일부로 가족, 친지, 친구 및 이웃의 관심과 사랑의 표현으로써 가족이나 가까운 사람에게 돌봄과 원조를 제공하는 사람이다. 대개 보수를 받지 않는다.

한편 다음 두 종류의 돌봄제공자는 이 두 집단과 조금 다른 유형이다.

③ 이중 돌봄제공자: 전문적인 돌봄제공 외에 자기 가족, 친지, 친구 또는 이웃도 돌보는 전문 돌봄제공자다.

④ 자원봉사 돌봄제공자: 종교나 호스피스처럼 지역사회 기관에서 제공되는 프로그램을 통해 무보수로 지원, 원조 또는 돌봄을 제공한다. 자원봉사 돌봄제공자들은 전문적으로 훈련을 받지만 전문 서비스를 자원봉사로 제공하는 상황도 있다(예: 호스피스로 자원봉사하는 전문적인 훈련을 받은 간호사).

교수자료 1-3: 돌봄이 필요한 건강상태

유인물 1-4: 돌봄이 필요한 건강상태

돌봄이 필요한 건강상태는 크게 다음과 같이 네 가지로 나눌 수 있다.

- 신체 질병이나 장애
- 정신질환
- 발달장애
- 중독성 질환

이러한 상태는 우리 인생에서 언제든 나타날 수 있다.

교수자료 1-4: 돌봄에 영향을 미치는 사회환경의 변화

유인물 1-5: 돌봄에 영향을 미치는 미국 동향

돌봄제공과 돌봄제공자들은 점점 더 중요해지고 있다. 미국에서는 다음 몇 가지 경향이 돌봄제공에 영향을 준다.

- 평균수명이 증가하면서 노년층(특히 85세 이상)이 돌봄이 필요한 위기에 처해 있다.
- 의학기술의 진보로 많은 단기 불치병들이 장기, 만성 질환으로 바뀌고 있다.
- 장기간의 돌봄을 필요로 하는 사람들이 증가하고 있다.
- 많은 사람들이 병원이나 시설보다 집에서 돌봄을 받고 있다.
- 가족이 변화하고 있다. 밖에서 일하는 여성이 증가했다. 가족의 지리적 이동이 많다. 한부모가정이 많아지고 있다. 각 세대의 사람 수는 적지만, 가족 내에 더 많은 세대가 존재한다.

4) 어디서 이루어지고 있는가

교수자료 1-5: 돌봄에 대한 질문들

돌봄제공 현장과 상황을 설명할 때 도입과정에서 나온 사례를 활용하라.

돌봄제공자는 다양한 현장과 상황에서 돌봄을 제공한다.

- 전문: 병원, 요양원, 시설, 클리닉, 공공 및 민간기관, 호스피스, 가정, 사설 시설의 개인
- 가족: 돌봄제공자의 집, 도움 받는 사람의 집, 요양원, 병원, 기타 시설
- 원거리 돌봄제공자: 가족 돌봄제공자는 돌봄 받는 사람과 멀리 떨어져 있지만, 여전히 돌봄 받는 사람을 위해 지원하고, 상황을 점검하며, 방문하고 돌보아 준다.

5) 얼마나 많은 시간이 소요되는가

전문 및 가족 돌봄제공자에 따라 돌봄 시간은 매우 다양하다. 전문 돌봄제공자는 시간제나 전일제로 돌봄을 제공한다. 가족 돌봄제공자는 가족, 친구나 이웃을 일주일에 몇 시간 정도 돌보기도 하지만, 어떤 상황에서는 1주일에 7일, 매일 24시간을 돌보아야 할 수도 있다.

6) 어떻게 해서 돌봄제공자가 되었나

돌봄제공자가 되는 다양한 경로를 설명할 때 처음 소개 과정에서 나온 사례를 활용하라.

돌봄제공자가 되는 경로와 이유는 다양하다.

- 전문 돌봄제공자: 신중하게 계획된 진로이거나, 현장에서 일하다가 관심이 생긴 경우
- 가족 돌봄제공자: 돌봐줄 사람이 없어서, 자발적인 선택으로, 다른 가족들이 일차 돌봄제공자로 생각해서, 다른 돌봄 형태에 비해 최선의 대안이라고 생각한 경우

7) 돌봄제공자는 무엇을 하는가

활동 2 돌봄제공자가 하는 일 리스트 작성

참여자들에게 돌보는 사람들에게 제공하고 있는 구체적인 과업을 리스트로 작성하게 한다. 작성이 끝나면 리스트의 항목을 과업, 역할, 책임이라는 범주로 나누어 전지나 칠판에 분류하여 정리하라. 가족 및 전문 돌봄제공자의 과업 간에 공통점과 차이점을 찾도록 하라. 가족 및 전문 돌봄제공자의 공통적인 역할을 강조하라(이 활동에는 약 10분 정도의 시간이 소요된다).

다음은 전문 및 가족 돌봄제공자에게 공통으로 나타나는 역할과 과업의 예다.

- 정서적 지지, 경청
- 우정
- 신체적 돌봄과 위생
- 재정적 지원
- 이동교통수단
- 문지기(gatekeeping)/중재(brokering)
- 옹호
- 집안일 관리
- 물품 조달(음식, 책, 약, 가구)

8) 돌봄제공자가 느끼는 감정

돌봄제공은 단지 과업과 활동에만 관여되는 것이 아니라 감정 및 정서에 관여되는 역동적인 과정이다.

활동 3 돌봄제공자의 감정 나누기

참여자들을 4~8개의 소그룹으로 나눈다. 가급적 전문 돌봄제공자, 가족 돌봄제공자, 이중 돌봄제공자 집단으로 나눈다. 각 집단에서 참여자들은 돌보면서 느끼는 감정에 대해 서로 이야기를 나눈다. 각 집단에서 이야기된 항목을 전지에 적는다. 작업을 마친 후에는 적은 내용을 전체에게 보여 준다. 자주 나온 감정들과 대개 긍정적이거나 부정적인 느낌이라는 등의 추세에 초점을 맞춰 서로 의견을 나누도록 한다. 전문 및 가족 돌봄제공자의 느낌을 비교해 보고 특별히 공통적인 감정에 초점을 맞춘다. 다음에 제시되는 대부분의 감정이 돌봄제공의 자연스러운 경험이며, 대부분의 돌봄제공자들이 한 두 번은 경험한 것임에 주목한다. 이 활동에는 20~30분 정도가 소요된다.

돌봄제공은 돌봄제공자에게 다양한 감정을 유발한다. 돌봄제공자들이 자주 경험하는 감정들은 다음과 같다.

부정적 감정

피로/지치는 느낌	거부당하는 느낌	부담감
화	혼란	부인/부정
상실감/슬픔	낙담	두려움
외로움	혼동	불안
죄책감	압도당함	우울
덫에 걸린 느낌	실망감	붙잡힌 느낌

긍정적 감정

기쁨/행복	보상받는 느낌	성취감 즐거움
충만함	수용연민	책임감

9) 빈번한 걱정거리/여러 감정의 원인

> 감정에 대한 활동에 이어 "왜 그렇게 느낍니까?" 등의 질문을 하면서 돌봄제공자들이 염려하는 것으로 넘어가도록 하라. 돌봄제공자들이 걱정거리를 나누게 하라(이 활동에는 15분 정도가 소요된다).

돌봄제공자들은 흔히 다음과 같은 주제와 걱정거리를 이야기한다.

- 돌봄 받는 사람을 위한 적절한 양질의 돌봄
- 돌봄제공에 대한 적절한 도움을 받는 것
- 스트레스 대처
- 자기돌봄(돌봄제공자)
- 경제적 어려움
- 정보에 대한 요구
- 가족과 일의 역할 균형
- 인정/사기(morale)
- 미래의 돌봄, 특히 현 돌봄제공자가 계속 돌보기 어려울 때
- 가족 문제

10) 돌봄과 돌봄제공자에 관한 지식

> 시간이 허락하는 대로 앞에서 논의한 것과 관련이 있는 문항들을 제시하라. 〈유인물 1-6〉 '돌봄과 돌봄제공자에 관한 지식'에서 정보를 얻을 수 있다.

많은 선행 연구들에 의하면, 돌봄제공자들은 긴장과 고통의 위험을 겪고 있다. 다음과 같은 이유 때문이다.

- 돌보는 일에 소요되는 많은 시간
- 장애나 질병과 관련한 경제적 비용
- 특정 질환이나 어려움에 수반되는 낙인
- 역할과 가치의 갈등
- 신체적 관리의 어려움(들기, 이동 돕기 등)
- 수면 방해
- 사회적 고립과 여가활동의 한계
- 문제행동에 대한 관리
- 미래에 대한 제한적 조망

11) 돌봄관계의 본질

> **교수자료 1-6**: 돌봄관계의 구성요소
>
> **유인물 1-7**: 돌봄의 구성요소

돌봄관계에서 가족 및 전문 돌봄제공자에게 가장 중요한 요소는 돌봄이다. 밀턴 매어로프(Milton Mayeroff)는 『돌봄에 관하여(*On Caring*)』(1971)라는 책에서 돌봄을 다음과 같이 설명하였다.

- 돌봄은 다른 사람이 성장하고 자기를 실현하도록 돕는 것이다.
- 돌봄은 관계를 발전시키는 과정이나 방법이다.
- 돌봄은 단지 돌봄 받는 사람이 잘되기를 바라고, 좋아하며, 위안을 주고, 비슷한 관심을 갖는 것 그 이상이다.
- 돌봄은 돌봄제공자와 돌봄 받는 사람 모두의 성장과 발달을 포함하는 것이다.

매어로프는 돌봄제공자들을 우리가 정의한 대로 설명하지는 않았지만, 돌봄관계의 여덟 가지 요소 중 일곱 가지는 돌봄제공 과정에 적절한 것처럼 보인다.

① 지식: 다른 사람의 욕구, 힘과 한계 및 성장에 도움이 되는 것에 대해 이해하는 것
② 인내: 다른 사람이 자기 시간에 맞춰 성장하게 하는 것
③ 정직
  −다른 사람을 내가 원하는 대로가 아니라 그 사람의 있는 그대로 보는 것
  −자기 자신을 있는 그대로 보는 것(자기 자신을 아는 것)
  −진정성을 가지는 것
④ 신뢰
  −과보호하지 않고 다른 사람이 선택할 수 있는 자유를 허용하는 것
  −자기의 돌봄 역량에 대한 믿음을 가지는 것
⑤ 겸손: 항상 다른 사람에 대해 더 많이 배울 준비가 되어 있고 기꺼이 배우는 것. 자신의 돌봄이 특권이 아님을 인식하는 것
⑥ 희망: 미래의 가능성을 바라보면서 현재를 있는 그대로 받아들이는 것
⑦ 용기: 과거와 현재의 경험으로부터 얻은 확신과 통찰력을 가지고 모험을 감수하며 미래로 나아가는 것

교수자료 1-7: 돌봄의 핵심

카렌 호로비츠(Karen Horowitz)와 더글라스 레인(Douglas Lanes)의 책 『병의 증인(*Witness to Illness*)』(1992)에 의하면, 돌봄의 핵심은 '공감적 파트너십'이다. 공감이란 다른 사람이 무엇을 느끼는지 알고 그 감정, 정서 및 행동의 의미와 중요성을 이해한다는 의미다. 공감적 파트너는 돌봄 받는 사람의 경험으로부터 '한발 물러서서' 그 정서적 거리를 이용할 수 있다. 공감적 파트너는 때때로 좀 더 객관적일 수 있다. 공감적 파트너로서의 돌봄제공자와 돌봄 받는 사람의 건강과 안녕 간의 관계가 돌봄제공의 핵심이다.

12) 케어기버 지원 프로그램의 원칙

교수자료 1-8: 케어기버 지원 프로그램의 원칙

유인물 1-8: 케어기버 지원 프로그램의 원칙

케어기버 지원 프로그램은 다음의 네 가지 원칙으로 이루어져 있다.

① 돌봄 받는 사람에 대한 진정한 관심

−이는 전문 및 가족 돌봄제공자의 기본적인 가정이다.

−적절한 돌봄을 위해 진정한 관심이 요구된다.

② 돌봄제공자의 자기돌봄 필요

−돌봄제공자는 돌봄을 받아야 하는 피해자가 되지 말아야 한다.

−돌봄 받는 사람에게 더 나은, 장기적인 돌봄을 제공하게 한다.

③ 돌봄제공자들의 공통점

−다양한 상황과 연령층의 사람들을 돌보는 돌봄제공자들은 공통의 욕구와 관심사가 있다.

–돌봄제공자들은 이런 공통의 관심사를 함께 나눔으로써 유익을 얻을 수 있다.

④ 전문 및 가족 돌봄제공자 간의 상호관계

–전문 및 가족 돌봄제공자들은 서로 보완이 되는 공통된 관심사와 강점을 가지고 있다.

–전문 및 가족 돌봄제공자가 돌봄제공 팀이 되어 일할 때, 돌봄 받는 사람은 보다 나은 돌봄을 받을 것이다.

13) 마무리

가족 및 전문 돌봄제공자들은 돌봄이 필요한 사람이 사회 전체로 볼 때 매우 중요하다. 돌봄제공자의 역할을 하기로 했다는 것은 도전에 직면하고, 스트레스뿐만 아니라 여러 긍정적, 부정적 감정들을 경험한다는 것이다. 앞으로 남은 네 가지 세션동안 우리는 우리 자신을 더 잘 돌보고, 협동적으로 함께 일하며, 문제를 해결하고, 지역사회 자원에 접근하는 방법에 대해 논의하게 될 것이다.

참고문헌

Hoffman, C., Rice, D. A., & Sun, H. Y. (1996). Persons with chronic conditions: Their prevalence and costs. *Journal of the American Medical Association, 276*(18): 1473-1479.

Horowitz, K. E., & Lanes, D. M. (1992). *Witness to Illness*. Reading, MA: Addison-Wesley.

Mayeroff, M. (1971). *On Caring*. Scranton, PA: HarperCollins.

National Alliance for Caregiving & American Association of Retired Persons (2004). *Family caregiving in the U. S.*: Bethesda, MD.

U. S. General Accounting Office, Long Term Care Division (1994). *Diverse, Growing Population includes Millions of Americans at all Age*. Washington, DC: GAO/HEHS.

3. 영상/슬라이드

교수자료 1-1

세션의 목적

- 케어기버 지원 프로그램의 소개
- '돌봄제공'과 '돌봄제공자'의 정의
- 돌봄제공자의 중요성, 돌봄의 필요성, 돌봄관계의 특성 그리고 돌봄제공자의 보상과 어려움에 대한 이해 돕기
- 돌봄제공자들이 서로를 이해하고 지지하도록 각자의 돌봄 상황과 경험을 나누도록 격려하기

교수자료 1-2

돌봄제공자의 유형

- 전문 돌봄제공자
- 가족 돌봄제공자
- 이중 돌봄제공자
- 자원봉사 돌봄제공자

교수자료 1-3

돌봄이 필요한 건강상태

- 신체 질병이나 장애
- 정신질환
- 발달장애
- 중독성 질환

교수자료 1-4

돌봄에 영향을 미치는 사회환경의 변화

- 평균수명의 증가
- 의학기술의 진보
- 돌봄이 필요한 인구 증가
- 돌봄 장소의 변화
- 가족의 변화

교수자료 1-5

돌봄에 대한 질문

- 어디서 이루어지고 있는가?
- 얼마나 많은 시간이 걸리는가?
- 어떻게 해서 돌봄제공자가 되었나?
- 돌봄제공자는 무엇을 하는가?

교수자료 1-6

돌봄관계의 구성요소

- 지식
- 인내
- 정직
- 신뢰
- 겸손
- 희망
- 용기

교수자료 1-7

돌봄의 핵심

- 공감적 파트너십
- 공감 = 이해
- 한발 물러서기 = 객관성
- 돌봄제공자와 돌봄 받는 사람과의 연계

교수자료 1-8

케어기버 지원 프로그램의 원칙

- 돌봄 받는 사람에 대한 진정한 관심
- 돌봄제공자의 자기돌봄 필요
- 돌봄제공자들의 공통점
- 가족 및 전문 돌봄제공자 간의 상호관계

4. 유인물

로잘린 카터 케어기빙 연구소에서는 『케어기버 지원 프로그램: Caring for You, Caring for Me(2판)』 구매자에게는 유인물 복사를 허용한다.

유인물 1-1

세션의 목적

- 케어기버 지원 프로그램 소개
- '돌봄제공' 과 '돌봄제공자' 의 정의
- 돌봄제공자의 중요성, 돌봄의 필요성, 돌봄관계의 특성 그리고 돌봄제공자의 보상과 어려움에 대한 이해 돕기
- 돌봄제공자들이 서로 이해하고 지지하도록 각자의 돌봄 상황과 경험을 나누도록 격려하기

유인물 1-2(A)

자기소개

- 이　름: ______________________
- 주　소: ______________________

  ____
- 연락처: ______________________
- 직업과 취미는 무엇입니까?
- 누구를 돌보고 있습니까?
  왜 돌보아 주어야 합니까?
- 어떻게 돌봄제공자가 되었습니까?

유인물 1-3

돌봄제공자의 유형

- 전문 돌봄제공자는 공식적인 훈련을 통해 획득한 기술, 지식 및 통찰력을 가지고 부업이나 직업으로 다른 사람에게 건강 돌봄이나 사회적 서비스를 제공하는 사람이다. 대개 서비스에 대한 보수를 받는다.

  예) 가정건강돌봄기관의 간호사, 정신건강 프로그램의 사회복지사, 자격이 있는 간호보조원
- 가족 돌봄제공자는 대개 지속적인 관계의 일부로 가족, 친지, 친구 및 이웃의 관심과 사랑의 표현으로써 가족이나 가까운 사람에게 돌봄과 원조를 제공하는 사람이다. 대개 보수를 받지 않는다.
- 이중 돌봄제공자는 전문적인 돌봄제공 역할과 책임이 있고, 그 외에 친지, 친구 또는 이웃을 돌본다.
- 자원봉사 돌봄제공자는 종교, 시민단체 또는 호스피스처럼 지역사회 기관에서 제공되는 프로그램을 통해 (보수를 받지 않고) 지원, 원조 또는 돌봄을 제공한다. 자원봉사 돌봄제공자들은 전문적으로 훈련을 받았지만 전문 서비스를 자원봉사로써 제공하는 상황도 있다. 그 예로 보수를 받지 않고 호스피스를 위해서 (간호사로서) 봉사하는 간호사가 있다.

유인물 1-4

돌봄이 필요한 건강상태

- 신체 질병이나 장애
- 정신질환
- 발달장애
- 중독성 질환

유인물 1-5

돌봄에 영향을 미치는 미국 동향

평균수명의 증가

- 1900년 47세에서 1950년대 68세, 오늘날 76세로 증가하였다.
- 2003년 미국 전체 인구의 12%, 3,590만 명이 65세 이상 노령인구. 이 수치는 1900년대 310만 명의 10배, 4.1%의 세 배 [1]
- 2030년경 65세 이상 인구는 7,000만 명으로 전체 인구의 20%가 될 것으로 예상된다.
- 미국에서 가장 급증하고 있는 인구는 85세 이상 노인인구다.
- 70세 이상 남성의 전립선암과 알츠하이머병과 같은 질환의 급증은 일부는 평균수명 증가로 인한 것이다.

의학기술의 진보

- 의학기술의 발달로 한때 불치병이었던 질환들이 치료가 가능해짐에 따라 많은 사람들이 더 오래 살게 되었다. 이는 장기간의 돌봄에 대한 필요가 증가했음을 의미한다.

돌봄이 필요한 인구 증가

- 미국 인구의 거의 반이 만성적 질환을 앓고 있다. 4,100만 명은 일상생활에 제약이 있고, 1,200만 명은 학업이나 일을 할 수 없거나 독립적으로 생활하지 못한다. [2]

- 85세 이상 노령인구의 절반 이상이 개인적인 돌봄이 필요하다. [3]
- 5,200만 명의 비공식적 또는 가족 돌봄제공자들이 환자 또는 장애를 가진 20세 이상의 사람들을 돌보고 있다. [4]
- 성인 인구의 59%가 가족 돌봄제공자이거나 그럴 것으로 예측된다. [5] 미국의 4,440만 명으로 추정되는 18세 이상 돌봄제공자들이 2,290만 명으로 추정되는 18세 이상 성인을 무보수로 돌보고 있다. [6]

돌봄 장소의 변화

- 일차적 돌봄제공 장소가 병원과 시설에서 가정과 지역사회로 이동하였다.
- 건강 및 장기 돌봄 비용이 계속 증가하면서 건강돌봄 종사자도 부족해졌다.
- 환자들은 병원에서 '더 빨리, 더 아픈' 상태로 퇴원한다.
- 의료비용을 낮추려는 노력이 환자와 장애를 가진 사람을 돌보는 무보수(가족) 돌봄제공자에게 의존하는 결과를 초래했다. 오늘날 돌봄의 약 80%는 가족 돌봄제공자에 의해 제공된다. [7]

가족의 변화

- 전통적으로 여성이 집에서 돌보았지만, 오늘날 여성은 노동인력의 거의 반을 차지하고 있어 가족 돌봄제공자의 역할을 수행하기가 더 어렵다.
- 싱글 여성들이 아이를 키우고 이혼율이 증가함에 따라 한부모가족이 증가하였다.
- 가족이 지리적으로 더 많이 이동하는 경향으로 가족들 간에 거리가

더 멀어졌다

- 가족들이 더 '수직화' 되고 있다. 즉, 살아 있는 세대는 더 많은데, 각 세대의 수는 이전 보다 적다.
- 가족 돌봄제공자 수가 감소하고 있다. 1990년에는 돌봄이 필요한 사람당 잠재적 가족 돌봄제공자가 11명이었다. 2050년에는 돌봄이 필요한 사람당 돌봄제공자 수가 4명으로 예측되고 있다.[2]

자료 출처

1 U. S. Census Bureau (2004). *Annual estimates of resident population by selected age groups for the United States and States: July 16, 2003 and April 1, 2000.* Washington, DC: U. S. Census Bureau, 2004.

2 Institute for Health & Aging, University of California, San Francisco (1996). *Chronic care in America: A report for the Robert Wood Johnson Foundation.*

3 U. S. Census Bureau (1995). *Sixty-five plus in the United States.* U. S. Bureau of the Census Statistical Brief.

4 Health and Human Services (1998). *Informal caregiving: Compassion in action.* U. S. Department of Health and Human Services, Washington, DC.

5 National Family Caregivers Association (2000). *Random sample survey of 1,000 adults.*

6 National Alliance for Caregiving and American Association of Retired Persons (2004). *Caregiving in the U. S.* National Alliance for Caregiving, Bethesda, MD and American Association of Retired Persons, Washington, DC.

7 U. S. General Accounting Office (1994). *Long-term care: Diverse, growing population includes millions of Americans of all ages.* GAO/HEHS, 95-96. Washington, DC.

유인물 1-6

돌봄과 돌봄제공자에 관한 지식

- 돌보는 일에 소요되는 많은 시간
- 장애나 질병에 관한 경제적 비용
- 특정 질환이나 어려움에 수반되는 낙인
- 역할과 가치의 갈등
- 이동하도록 들고, 돕기 등의 신체적 관리의 어려움
- 수면 방해
- 사회적 고립과 여가활동의 한계
- 문제행동에 대한 관리
- 미래에 대한 제한적 조망

유인물 1-7

돌봄의 구성요소

- 지식: 돌봄 받는 사람의 욕구, 힘과 한계에 대한 이해
- 인내: 돌봄 받는 사람이 자기 시간에 맞춰 성장하게 하는 것
- 정직: 진정성. 내가 원하는 대로가 아니라, 돌봄 받는 사람을 있는 그대로 보는 것
- 신뢰
  - '과보호' 하지 않고 돌봄 받는 사람이 선택할 수 있는 자유를 허용하는 것
  - 자기의 돌봄 역량에 대한 믿음
- 겸손: 돌봄 받는 사람에 대해 더 많이 배울 준비가 되어 있고 기꺼이 배우는 것
- 희망: 미래의 가능성을 가지고 현재를 생생하게 인식함
- 용기: 모험을 감수함. 과거와 현재 경험으로부터 얻은 확신과 통찰력을 가지고 미래로 나아감

유인물 1-8

케어기버 지원 프로그램의 원칙

- 돌봄 받는 사람에 대한 진정한 관심
  - 전문 및 가족 돌봄제공자의 기본 가정이다.
    적절한 돌봄을 위해 꼭 필요하다.
- 돌봄제공자의 자기돌봄 필요
  - 자신도 돌봄이 필요한 피해자가 되지 말아야 한다.
    돌봄 받는 사람에게 더 나은 장기적인 돌봄을 제공하게 한다.
- 돌봄제공자들의 공통점
  - 다양한 어려움을 갖고 있는 사람들을 돌보는 돌봄제공자들에게는 공통의 욕구와 관심사가 있다.
  - 돌봄제공자들은 이런 공통의 관심사를 함께 다룸으로써 유익을 얻을 수 있다.
- 전문 및 가족 돌봄제공자 간의 상호관계
  - 전문 및 가족 돌봄제공자들은 서로 보완이 되는 공통의 관심사와 강점을 가지고 있다.
  - 가족 및 전문 돌봄제공자가 돌봄제공 팀이 되어 일할 때, 돌봄 받는 사람은 보다 나은 돌봄을 받게 된다.

Chapter 2

자기 자신을 돌보기

Chapter 2 자기 자신을 돌보기

1. 개 관

1) 목 표

참여자들이 자기 자신을 돌보는 것의 중요성을 인식하고 자기돌봄 전략을 배우게 하여 참여자들이 제공하는 돌봄의 질을 향상시킨다.

2) 주 제

- 당신은 자신을 얼마나 잘 돌보고 있는가?
- 자기 자신을 잘 돌보지 않았을 때 경험하는 결과
- 돌봄제공자 소진 예방
- 부정적인 감정을 인지하고 대처하기

- 대처 기술의 발달
- 다른 사람의 도움을 받기–개인적 지지체계
- 웃는 방법 배우기

3) 준비물

- 유인물
- 칠판이나 전지
- 프로젝터
- 필기도구

2. 주요 개념과 방법

1) 소 개

교수자료 2-1: 자기 자신을 돌보기

"타인을 돌보는 가장 건강한 방법은 자기 자신을 돌보는 것이다." (Miller, 1993)

돌봄제공자들은 자기 자신을 돌봐야 한다. 당신이 돌보는 사람은 당신이 보살펴주고, 사랑해주며, 지지적일 때 당신의 돌봄으로부터 도움을 얻는다. 당신 스스로를 잘 보살폈을 때, 당신은 타인에게 돌봄과 지원을 제공할 수 있다. 제임스 밀러(James Miller, 1993)의 말을 빌리자면 "타인을 돌보는 가장 건강한 방법은 자기 자신을 돌보는 것이다."

2) 세션의 목적

교수자료 2-2: 세션의 목적

유인물 2-1: 세션의 목적

이 세션은 당신이 당신 자신을 돌보는 것의 중요성을 인지하고 그 방법들을 배우도록 돕기 위해 고안되었다. 당신 자신을 돌봄으로써 당신은 사랑하는 사람이나 클라이언트들에게 계속해서 돌봄을 제공할 수 있다. 이 세션의 목적은 다음과 같다.

- 당신의 '자기돌봄' 기술을 평가하기
- 자기 자신을 돌보지 않을 때 경험할 결과를 확인하기
- 당신이 경험할 수 있는 부정적인 감정들을 확인하고 검사하기
- 효과적인 대처 기술들을 확인하기
- 당신의 개인적인 지지체계를 확인하기
- 유머와 웃음의 역할과 중요성 인식하기

3) 당신은 자신을 얼마나 잘 돌보고 있는가

개인적인 평가를 통해 종종 돌보는 사람들이 현재 자기 자신을 얼마나 잘 돌보고 있는지를 인지하게 된다. 동시에 돌보는 사람들은 일부 관심을 필요로 하는 그들 삶의 영역들을 확인할 수 있다. 이제 몇 분 동안 당신이 자신을 얼마나 잘 돌보고 있는지를 평가해 보는 시간을 갖도록 하자.

활동 1 당신은 자신을 얼마나 잘 돌보고 있는가

돌보는 사람들을 위한 평가지 〈유인물 2-2(A)〉를 나누어 주고 작성하도록 한다.

참여자들에게 평가지를 작성하고 점수를 매길 수 있도록 5~8분을 준다. 그러고 나서 집단 토론 시간을 갖는다.

당신의 점수에 따르면, 당신은 자신을 얼마나 잘 돌보고 있는가? 어떤 방식으로 당신 자신을 돌보고 있는가? (예를 들어, 적절하게 먹는 것, 운동하는 것, 개인적인 건강을 돌보는 것) 당신은 자신을 돌보면서 더 나은 일을 할 수 있는 일부 영역들을 확인할 수 있는가? 당신이 자기돌봄과 건강에 기여하는 활동을 하지 않았을 때의 결과는 무엇인가? (예를 들어, 육체적 질병, 좋지 않은 관계, 정신적 피로, 지루함, 우울, 공허함, 절망감, 의심)

집단과 함께 토론하기

(1) 자기 자신을 돌보지 않았을 때 초래되는 결과들

자기돌봄 습관을 실천하지 못하면 돌봄제공자는 스트레스, 신체적, 정신적 그리고 정서적 건강에서 문제를 경험한다. 자기 자신을 돌보는 것은 당신이 더 나은 기분을 느끼도록 하고 더 나은 돌봄을 제공하도록 도와준다.

교수자료 2-3: 소진(burnout)이란 무엇인가

유인물 2-3: 돌봄제공자 소진의 원인과 증상

자기 자신을 돌보지 않는 돌봄제공자에게 발생하는 결과는 소진이다. 개인의 에너지, 힘 또는 자원에 대한 요구가 과도할 때 소진이 나타나며, 소진은 실패감과 피로를 느끼게 하거나 기진맥진하게 만든다(Freudenberger, 1990). 돌봄제공자 소진의 구체적인 원인과 증상이 〈유인물 2-3〉에 나열되어 있다. 돌봄제공자 소진의 원인들은 다음을 포함할 수 있다.

- 돌봄 받는 사람의 상황에서 유발된 정서적 요구들: 돌봄을 받는 사람들은 극도의 신체적, 정서적인 돌봄이 요구된다. 단지 당신이 그 또는 그녀를 '건강하게(만족스럽게)' 할 방법은 없다.
- 갈등을 유발하는 욕구: 돌봄 받는 사람은 욕구를 가지고 있고, 배우자들도 욕구를 가지고 있으며, 어린이들도 욕구를 가지고 있고, 고용인들과 동료 노동자들도 욕구를 가지고 있다. 당신도 욕구를 가지고 있다. 모든 사람의 욕구를 충족시키기 위해 노력하는 것은 모순과 스트레스를 유발한다.
- 역할 모호: 때때로 돌봄제공자들은 그들을 둘러싼 타인들과의 관계에서 그들의 역할과 책임이 무엇인지 정확하게 알지 못한다.
- 작업 부하(표준작업량): 해야 할 일이 너무 많다.
- 갈등을 유발하는 정책과 절차: 갈등을 유발하는 정책과 절차는 전문적인 돌봄제공자들이 적합하다고 믿는 것을 하지 못하도록 하며, 가족을 돌보는 사람들이 그들이 원하고 필요로 하는 서비스를 받지 못하도록 막을 수 있다.
- 사생활의 부족: 혼자 있을 시간이 없다. 많은 사람들이 돌봄에 관여하여 여러 사람이 당신의 집에 드나들거나 삶에 개입할지도 모른다.

이러한 요인들은 다음의 감정들에 영향을 미친다.

- 통제 부족: 당신이 이 영역에 대해서 통제력이 없다고 느끼거나, 적절한 기술이나 지식을 가지고 있지 않다고 느끼는 것
- 자율성의 부족: 당신이 당신의 인생에서 독립심이나 '그래서(say so)'라고 말한 적이 없다고 느끼는 것
- 목표 달성의 실패: 당신이 성공할 수 없다고 느끼거나 실패자라고 느끼는 것

교수자료 2-4: 소진의 증상

소진이 결정적 수준에 닿을 때, 그것은 돌봄제공자의 인생에서 매우 분명해지기 시작한다. 소진은 다음과 같은 것을 포함하여 다양한 방식으로 나타날 수 있다.

- 우울
- 금단
- 무기력감 또는 절망감
- 부정적인 감정들
- 육체적 피로
- 수면 부족 또는 수면장애
- 돌봄을 받는 사람 학대
- 돌봄을 받는 사람 무시
- 개인적인 건강 문제들
- (낮은 자신감으로 이끄는) 낮아진 자존감

4) 돌봄제공자의 소진 예방

이 교육 및 지원 프로그램의 목적 중 하나는 돌봄제공자의 소진을 예방하는 것이다. 우리가 할 수 있는 한 가지 방법은 돌보는 사람으로서의 당신이 자신을 더 잘 돌볼 수 있도록 격려하고 그 방법에 대한 정보를 제공하는 것이다.

교수자료 2-5: 돌봄제공자의 소진을 예방하는 방법

유인물 2-4: 돌봄제공자의 소진을 예방하는 방법

돌봄제공자들은 네 가지의 주요한 방법으로 스스로를 돌볼 수 있다. 당신 인생의 이러한 영역들에 관심을 기울이는 것은 소모를 막는 데 도움이 될 것이다. 우리는 당신이 다음과 같이 행동할 것을 추천한다.

- 당신의 부정적 감정들을 인지하고 대처하기
- 대처 기술들의 목록을 작성하기
- 혼자서 하지 않기. 타인들이 당신을 돕게 하기
- 웃는 방법 배우기

우리는 이러한 전략들 각각을 검토할 것이지만, 대부분의 시간을 부정적인 감정들을 검토하는 데 사용할 것이다.

(1) 당신의 부정적인 감정들을 인지하고 대처하기

돌봄제공자들은 그들의 돌봄 책임과 관련하여 다양한 감정들을 경험한다. 대부분의 감정은 부정적이다. 그것들은 우리를 기분 나쁘게 만들며, 우리의 에너지를 잃게 하고, 우리의 자존감을 저하시킨다.

교수자료 2-6: '부정적인' 감정들

주의: 참여자들이 첫 번째 세션 동안에 만든 부정적인 감정들의 목록을 사용하여 이 목록을 개인화하라. 당신은 첫 번째 세션에서부터 부정적인 감정들을 표현하기 시작할지도 모른다.

우리의 첫 번째 세션 '돌봄제공자가 된다는 것은 무엇을 의미하는가'에서 당신은 '부정적인' 것으로 분류할 수 있는 많은 감정들을 확인했다.

- 화
- 좌절
- 무기력
- 죄의식
- 우울
- 분노
- 슬픔
- 공허함
- 무능
- 공포
- 외로움
- 당황
- 실패
- 질투

교수자료 2-7: 부정적인 감정의 이유

우리가 부정적인 감정들을 경험하는 데에는 많은 이유들이 있을 수 있다. 돌봄제공자들은 주로 다음과 같은 이유들 때문에 부정적인 감정들을 갖는다.

- 충족되지 않은 욕구
- 불충분한 대처 기술
- 그들의 돌봄 상황과 관련된 주요 어려움들
- 그들을 조종하기 위해 다른 사람들이 사용하는 '유인책들'

유인물 2-5: 일반적인 '유인책들'

'유인책'은 우리를 조종하기 위해서 다른 사람들이 행동하거나 말하는 것들을 말한다. 그것들은 타인들이 우리로부터 특정한 반응들을 얻어 내고, 우리를 중심에서 떼어 놓으며, 우리를 이용하기 위해서 사용하는 것이다. 대부분 우리는 너무 늦게 이러한 유인책들을 알아차린다. 우리는 '그 미끼를 물고'나서 도망가려는 우리들의 시도들에 매우 좌절하게 된다.

교수자료 2-8: 일반적인 '유인책들'

다른 사람들이 우리에게 사용하고 우리가 다른 사람들에게 사용하는 더욱 일반적인 유인책들의 일부는 〈유인물 2-5〉에 기술되어 있다. 당신은 이것들 중에서 어떠한 것이라도 알아챌 수 있는가?

- 죄의식/수치심: "만약 당신이 정말로 돌본다면 당신은……" "괜찮아. 어떻게 해서든지 내가 처리할게."
- 비난하기: "당신이 하라고 해서 했는데…… 어떻게 됐는지 보세요." "모두 당신 잘못이에요."
- 희생양: "만약 ~만 하지 않았더라면……" "만약 당신이 ~를 하지 않았더라면 모든 것이 괜찮았을 텐데."
- 공감의 부족: "내가 어떤 일을 겪고 있는지 당신은 몰라요." "당신은 이해 못해요."
- 조언 구하기: "저는 지금 어찌할 바를 모르겠네요. 무엇을 해야 하죠?" "만약 당신이 내 처지라면 무엇을 하시겠습니까?"
- 편들게 만들기: "어떻게 그녀가 나에게 이럴 수 있지?" "넌 내 말에 동의하지, 안 그래?"

보통 이러한 유인책들은 우리의 민감한 영역을 건드리기 때문에 걸려들기 쉽다. 사람들은 그들이 원하는 반응들을 얻기 위해 '버튼을 누르는' 방법을 알고 있다. 만약 그들이 우리에게 방어 태세를 갖추게 한다면 우리는 '유인책에 걸린 것'이다. 일단 유인책에 걸리면 우리는 부정적인 감정들을 더욱 갖기 쉬워진다.

교수자료 2-9: '부정적인' 감정들을 예방하거나 대처하기

유인물 2-6: '부정적인' 감정들을 예방하거나 대처하기

그렇다면 우리는 우리를 기분 나쁘게 만드는 부정적인 감정들을 어떻게 예방하거나 없애 버리는가?

- 당신의 부정적인 감정들을 인지하고 인정하기
- 이러한 것들이 인간의 일반적인 반응이라는 사실을 인지하기
- 당신 자신의 기분에 대해 책임지기
- 당신 기분의 원천을 확인하려고 노력하기
- 타인들에게 당신의 감정을 표현하고 이것이 당신에게 얼마나 어려운 것인지를 그들이 알게 하기
- '유인책들'을 조심하기!
- 부정적인 감정들을 극복하는 것은 한 번에 되는 것이 아님을 이해하기. 부정적인 감정은 돌아올 수 있다!

유인물 2-7(A): '부정적인' 감정들에 대처하기

활동 2 '부정적인' 감정들에 대처하기

참여자들이 유인물에 있는 1~3을 완성하도록 약 10분의 시간을 준다. 그 후 선택한 감정들에 따라 그들을 집단으로 만든다(예: '화'를 선택한 사람들이 같은 집단이 되어야 한다). 특정 감정을 선택한 사람이 한 명뿐일 수도 있다. 그럴 경우 혼자인 사람들끼리 함께 모으거나 또는 비슷한 감정에 초점을 맞춘 집단 속에 포함시킨다. 집단마다 세 명에서 네 명 이상이 되지 않도록 한다. 참여자들로 하여금 한 집단으로서 질문 4를 수행하게 한다. 집단 토론은 유인책들과 부정적 감정들에 대처하는 방법들에 초점을 맞추어야 한다. (집단 구성원들이 이미 시도한 것은 무엇인가? 무엇이 효과가 있었나? 무엇이 효과가 없었나? 구성원들이 이러한 구체적인 감정들 그리고 상황들을 다루는 데에 있어서 도움을 주기 위해 서로에게

어떤 조언을 줄 수 있는가?) 목록이 완성된 후에 각 집단에게 그들이 선택한 부정적 감정(들)에 대처하기 위해 제안하는 전략들을 공유하도록 요청한다(이 활동을 위해 대략 25분을 허용한다).

5) 대처기술의 목록 작성하기

교수자료 2-10: 대처하기

대처하기는 "우리가 잠재적으로 유해하거나 스트레스를 줄 수 있는 것이라고 평가한 상황들을 관리하기 위한 노력들"(Kleinke, 1991, p. 3)로 정의될 수 있다. 잘 대처하는 사람들은 어떠한 상황에 대한 반응들을 조정하는 데 대처 전략의 목록을 가지고 있는 유연한 사람들이다. 이들은 일반적으로 긍정적인 견해를 가지고 있으며, 가능한 한 좋은 결과를 구하기 위해서 그들의 기술을 사용한다. 대처를 하는 사람들은 수동적이지 않고 무기력하지 않다. 그들은 인생을 통제하는 방법을 찾는다.

교수자료 2-11: 대처 기술 목록

대처하는 사람이 되는 것은 다음과 같은 기술들을 갖는 것을 의미한다.

- 스트레스 관리
- 시간 관리
- 문제해결

- 의사결정
- 라이프스타일 관리

문제해결을 제외하고, 이러한 기술들의 각각의 요약은 〈유인물 2-8〉에 포함된다. 제4장에서 문제해결을 다룰 것이다.

유인물 2-8: 돌봄제공자들을 위한 대처 기술: 요약

주의: 시간이 허락된다면 더 자세하게 대처 기술들에 대해 토론한다. 참여자들이 향상시키고자 하는 한두 가지의 영역에 초점을 맞추도록 격려한다. 이것은 이 세션의 초기에 참여자들이 응답한 '돌봄제공자 사정(Assessment for Caregivers)'에 관련될 수도 있다.

6) 탄력성

교수자료 2-12: 탄력성과 관련된 요인들

우리의 대처능력을 향상시킬 수 있는 또 다른 방법은 탄력성을 개선하거나 향상시키는 것이다. 미국심리학회(APA)(2004)에 따르면, 탄력성(resilience)은 역경, 외상성 장애, 위협 또는 다른 중요한 스트레스 요인들에 직면하여 잘 적응하는 과정이다. 오늘날의 까다로운 환경에서 사랑하는 사람에게 오랜 기간 동안 돌봄을 제공하는 것 또는 전문적인 돌봄제공자로서 일하는 것은 중요한 스트레스의 요인이 될 수 있다. 탄력성은 우리가 가지고 태어나는 것은 아니지만, 모두가 배우고 발달시킬 수 있다.

APA에 따르면, 여러 요인들이 탄력성에 기여하지만 가장 중요한 요인은 사랑과 신뢰를 만들어 내는 돌봄과 지지적인 관계를 갖는 것이다. 탄력성과 관련된 다른 요인들은 다음과 같다.

- 현실적인 계획을 세우고 수행하는 능력
- 자신에 대한 긍정적인 견해
- 자신의 장점과 능력에 대한 자신감
- 의사소통과 문제해결 능력
- 강한 충동과 감정을 관리하는 능력

APA는 탄력성을 기르기 위해 다음에서 열 가지의 전략을 제안하고 있다.

① 사람들과 연대하라. 가까운 가족 구성원들 그리고 친구들과 좋은 관계를 유지하라. 당신을 아끼는 사람들로부터의 도움과 지지를 수용하라. 시민이나(시 기관이나), 종교기관 또는 다른 지역기관들에서 활동적(적극적)이 되라. 타인들이 도움을 필요로 할 때 그들을 도와줘라.

② 위기를 이겨내기 어려운 문제로 보지 말라. 미래 상황이 어떻게 더 나아질 수 있을지 현재를 넘어서 보도록 노력하라. 당신이 어려운 상황들을 다룰 때 더 나은 기분을 이미 느끼고 있을지도 모르는 어떠한 사소한 방법(것)들이라도 적어 두라.

③ 변화를 삶의 일부로 받아들여라. 당신의 유연성을 증가시키기 위해 노력하고 어떠한 목표들은 더 이상 얻어질 수 없다는 사실을 이해하라. 변화될 수 없는 환경을 받아들이는 것을 배우는 것은 당신이 변화시킬 수 있는 환경에 초점을 맞추도록 도울 수 있다.

④ 당신의 목표들을 향해 전진하라. 현실적인 목표들을 발전시키고, 작고 성취 가능한 과제들로 분해하라. 매일 당신의 목표(들)를 향한 최소한의 진보라도 성취하기 위해 노력하라.

⑤ 결정적인 조치를 취하라. 적대적인 상황에 가능한 한 많이 그리고 빨리 행동하라. 문제들로부터 떨어져서 그것들이 사라지기를 바라지 말고 행동을 취하라.

⑥ 자기발견을 위한 기회를 찾아라. 당신의 적대 상황들을 평가하여 다시 구성하고 그것들을 다루는 과정을 통해 당신이 성장한 방법들을 검사하라. 비극과 심한 개인적 고난을 경험한 많은 사람들은 더 나은 관계, 더 많은 자기 장점의 감각, 증가된 자기가치, 더 발달된 영성 그리고 삶에의 고양된 평가를 보고하였다.

⑦ 당신 자신에 대한 긍정적인 견해를 길러라. 문제를 해결하는 당신의 능력에 자신감을 발달시키고 당신 자신의 본능을 믿어라.

⑧ 긴 안목을 갖추라. 당신의 스트레스가 많은 상황을 더 넓은 맥락에서 고려하도록 노력하고 긴 안목을 유지하라. 부적절하고 불쾌한 사건들이 일어나는 것을 피하도록 노력하라.

⑨ 희망적인 관점을 유지하라. 당신이 두려워하는 것에 대해서 걱정하지 말고 당신이 원하는 것을 시각화해 보라. 낙관적인 관점은 당신의 인생에서 일어날 좋은 일들을 기대하도록 해 준다.

⑩ 당신 자신을 돌봐라. 당신 자신의 욕구와 감정들에 관심을 기울여라. 운동, 놀이 그리고 취미처럼 당신이 즐거움과 편안함을 찾을 수 있는 활동들에 참여하라.

교수자료 2-13: 탄력성을 기르는 전략

유인물 2-9: 탄력성 기르기

(1) 혼자서 하지 않기. 타인들이 당신을 돕게 하기

교수자료 2-14: 사회적 지지체계들

모든 사람들이 스트레스의 균형을 맞추고 관리하며 안녕의 의미를 유지하기 위해서 일상생활에서 지지체계를 발전시키고 사용하는 것은 중요하다. 돌봄제공자들이 지지체계를 가지고 사용하는 것이 절대적으로 필요하다.

유인물 2-10: 사회적 지지체계

돌봄제공자가 직접적으로나 간접적으로 연락하는 사람들, 기관들 그리고 조직들은 그 사람의 사회적 지지체계가 된다. 사회적 지지는 다음과 같은 형태로 제공될 수 있다.

- 물리적 또는 실제적 도움(예: 교통, 가사일 도움)
- 자원과 정보 공유(예: 지역 서비스에 대한 정보)
- 정서적, 심리적 도움(예: 당신의 이야기를 듣고 당신을 격려해 줄 사람)
- 태도 전이(예: 당신을 웃게 해 주고 사물을 더욱 긍정적으로 바라보게 도와줄 사람)

7) 사회적 지지체계

교수자료 2-15: 사회적 지지의 이점

개인적인 사회적 지지를 가지고 사용하는 것의 이점은 다음과 같다.

- 스트레스 감소
- 육체적 건강 문제 감소
- 정서적 건강 증가

당신의 사회적 지지체계를 평가하는 것은 당신의 도움이 실제로 어디에서 나오는지와 그것을 누가 제공하는지를 평가하는 확실한 방법이다. 또한 왜 당신이 도움을 요청하거나 수용하지 않는지에 대한 이유와 왜 사람들이 도움을 제공하지 않는지 그 이유들을 알 수 있도록 해 준다. 이제 몇 분 동안 당신의 사회적 지지체계를 보면서 논의해 보자.

유인물 2-11(A): 당신의 사회적 지지체계 평가하기

활동 3 사회적 지지체계 평가하기

유인물에 있는 질문 1과 2를 완성하기 위해 참여자들에게 15분을 준다. 이것을 토론 지침으로 사용한다. 그러고 나서 질문 3과 4를 이용하여 토론을 진행한다(질문 5와 6은 제5장에서 논의될 것이다). 관련된 토론에서 참여자들이 쟁점들을 적도록 권한다(이 활동을 위해 대략 15분 정도를 허용하라).

8) 웃는 방법 배우기

교수자료 2-16: 웃는 방법 배우기!

당신이 돌봄을 행할 때 정말로 재미있었거나 적어도 그런 식으로 인상을 준 일이 있는가? 그것은 무엇이었나? 무슨 일이 일어났었나? 그 후에 당신은 어떻게 느꼈는가?

유머는 하나의 태도이자, 마음 상태 그리고 인생이 우리에게 주는 사건들을 긴 안목으로 보는 방법이다(Karr, 1992). 유머와 웃음은 부정적인 것들을 수용하고 긍정적인 것들로 변화시킬 수 있다.

- 긴장을 완화시킨다.
- 선의를 전달한다.
- 부정적인 감정들을 없앤다.
- (근육 완화를 통해) 스트레스와 슬픔을 경감시킨다.
- 통제감을 다시 느끼게 돕는다.
- (당신이 다른 관점에서 사물을 보는 것을 도움으로써) 문제해결에서의 유연성(융통성)을 증가시킨다.
- 면역체계를 증진시킨다.

• 신체에서 자연적인 진통제(엔도르핀)를 생성한다.

유머는 자연적으로 공포, 불안, 화 그리고 우울을 경감시킬 수 있다. 우리의 문제들과 상황들을 웃어넘기는 법을 배움으로써 우리는 권위를 손상시킬 위협을 통제할 수 있다.

당신은 돌봄에 대한 긍정적인 접근을 발달시킬 수 있으며, 즐거운 생각을 하고 행복하고 건강한 태도를 발전시키면서 유머 감각을 향상시킬 수 있다(Sherman, 1995). 당신의 인생에서 유머를 유지하기 위해서 다음과 같은 것을 해볼 수 있다.

• 재미있는 책을 읽는다.
• 재미있는 영화를 보러 가거나 재미있는 비디오나 DVD를 빌린다.
• 텔레비전에서 코미디 쇼를 본다.
• 재미있는 농담이나 이야기들을 모은다.
• 재미있는 카드나 이메일을 보낸다(유머는 전염성이 있다. – 곧 당신에게 되돌아올 것이다!).
• 당신의 일상에서 유머를 찾거나 인생에서 예측하지 않았던 일을 찾는다.
• 당신이 재미있다고 생각하는 것을 보고 자신이 웃는 것을 허락하라.

교수자료 2-17: 당신의 인생에서 유머를 유지하기

유인물 2-12: 유머와 웃음

토론: 참여자들이 돌봄의 경험 중 재미있는 이야기나 일화를 공유하도록 권하라. 참여자들에게 짤막하고 재미있는 동영상 장면들을 보여 줄 수도 있다.

활동 4 유머와 웃음

(선택적) 3~5명의 사람들로 구성된 작은 집단을 만든다. 그들에게 삶에서 유머를 유지하는 방법들을 브레인스토밍하도록 한다. 각 집단에게 전체 앞에서 결과를 발표하도록 요청

한다. 그들의 아이디어들을 칠판(또는 전지)에 나열한다. (앞에서 소개한) '주요 개념들'에 나열된 모든 아이디어들을 반드시 포함한다(이 활동을 위해 10~15분을 허용하라).

9) 마무리

교수자료 2-18: 자기돌봄 기술의 평가

유인물 2-13: 더 나은 자기돌봄 계획하기

이 세션의 처음에 완성한 돌봄제공자들을 위한 자기돌봄 평가로 되돌아가 보라. 자신을 돌보는 것과 소진을 막고 소진으로부터 회복하는 하나의 도구로 이것을 사용하라.

① 당신이 통제할 수 있고 관리할 수 있는 요인들과 사건들을 확인하라.
② 자신을 돌보기 위해 더 많은 것을 하고 싶어 하는 범주들을 확인하라. 그것을 할 수 있는 구체적인 방법들은 무엇인가? 발전을 위한 구체적인 목표들을 설정하라.
③ 목표들을 검토하라. 목표들이 현실적이고 도달 가능한 것인지 확인하라. 작은 것부터 시작하고 모든 것을 한 번에 하려고 하지 말라. 그렇지 않으면 당신은 실패감과 좌절을 느낄 것이다.
④ 돌봄 상황에서 당신이 해야 하는 것보다 더 많은 책임을 지지 말라.

"타인을 돌보는 가장 건강한 방법은 자기 자신을 돌보는 것이다." (Miller, 1993)라는 것을 기억하라.

마지막으로 케네스 도카(Kenneth Doka)가 그의 책인 『위협적인 질병과 사는 것(*Living with Life Threatening Illness*)』에서 말한 다음의 인용구에 대해 생각해 보라.

> "돌봄제공자는 각 개인의 노력에서 특별한 역할을 행하고 있다……그 역할은 촛불에 견줄 수 있을 것이다. 촛불은 경험을 밝히도록 도와주고, 어둠 속에 길을 내어 주며, 탐험할 용기를 줄 수 있다. 돌보는 사람들은 가장 좋은 상태에서 그 빛을 제공해 줄 수 있다. 그 빛은 사람들이 때로 위험하거나 무서운 길을 빠져나가고자 할 때 그들과 함께할 수 있다. 그 여행은 여전히 어두울 [지도 모르지만] 테지만, 그 빛은 그것을 덜 끔찍하게 만들어 줄 것이다." (Doka, 1993, p. 247)

자기 자신을 돌보는 데에 시간을 내는 돌봄제공자만이 '가장 좋은 상태에' 있을 수 있으며, 소진 없이 계속해서 타는 촛불과 같을 것이다.

참고문헌

American Psychological Association (2004). *The road to resilience*. Online brochure (www.apahelpcenter.org), accessed March, 2004.

Bass, D. S. (1990). *Caring families: Support and interventions*. Silver Spring, MD: National Association of Social Workers.

Doka, K. J. (1993). *Living with life-threatening illness: A guide for patients, their families, and caregivers*. New York: Lexington Books.

Freudenberger, H. J. (1990). Caring for the caregiver: Recognizing and dealing with burnout. In J. Nottingham & J. Nottingham (Eds.), *The professional and family caregiver-Dilemmas, rewards, and new directions*. Americus: Georgia Southwestern State University.

Karr, K. (1992). *Taking time for me: How caregivers can effectively deal with stress*. Buffalo, NY: Prometheus.

Kleinke, C. L. (1991). *Coping with life challenges*. Belmont, CA: Brooks/Cole.

Miller, J. (1993). *The grit and grace of being a caregiver* (Videotape). Fort Wayne, IN: Willowgreen Productions.

Sherman, J. R. (1995). *The magic of humor in caregiving*. Golden Valley, MN: Pathway Books.

3. 영상/슬라이드

교수자료 2-1

자기 자신을 돌보기

"타인을 돌보는 가장 건강한 방법은
자기 자신을 돌보는 것이다."

James Miller 박사의
The Grit and Grace of Being a Caregiver

교수자료 2-2

세션의 목적

이 세션은 당신이 자신을 돌보는 것의 중요성을 인지하고 그 방법들을 배우도록 돕기 위해 고안되었다. 자신을 돌봄으로써 당신은 사랑하는 사람이나 클라이언트들에게 계속해서 돌봄을 제공할 수 있다. 이 세션의 목적은 다음과 같다.

- 당신의 '자기돌봄' 기술을 평가하기
- 자기 자신을 돌보지 않았을 때 경험할 결과를 확인하기
- 당신이 경험할 수 있는 부정적인 감정들을 확인하고 검사하기
- 효과적인 대처 기술들을 확인하기
- 당신의 개인적인 지지체계를 확인하기
- 유머와 웃음의 역할과 중요성 인식하기

교수자료 2-3

소진(burnout)이란 무엇인가

개인의 에너지와 힘 그리고 자원에 대한 너무 많은 요구에 의해 실패하고 다 사용된 것 같은 기진맥진한 정서

교수자료 2-4

소진의 증상

- 우울
- 금단
- 무기력감 또는 절망감
- 부정적인 감정들
- 육체적 피로
- 수면 부족 또는 수면장애
- 돌봄을 받는 사람 학대
- 돌봄을 받는 사람 무시
- 개인적인 건강 문제들
- (낮은 자신감으로 이끄는) 낮아진 자존감

교수자료 2-5

돌봄제공자의 소진을 예방하는 방법

- 당신의 부정적인 감정들을 인지하고 대처하기
- 대처 기술들의 목록을 작성하기
- 혼자서 하지 않기
  타인들이 당신을 돕게 하기
- 웃는 방법을 배우기!

교수자료 2-6

'부정적인' 감정

- 화
- 좌절
- 무기력
- 죄의식
- 우울
- 분노
- 슬픔
- 공허함
- 무능
- 공포
- 외로움
- 당황
- 실패
- 질투

교수자료 2-7

돌봄제공자는 다음과 같은 이유로 부정적인 감정을 가질 수 있다.

- 충족되지 않은 욕구
- 불충분한 대처 기술
- 돌봄 상황과 관련된 주요 어려움들
- 그들을 조종하기 위해 다른 사람들이 사용하는 '유인책들'

교수자료 2-8

일반적인 '유인책'

- 죄의식/수치심
- 비난하기
- 희생양
- 공감의 부족
- 조언 구하기
- 편들게 만들기

교수자료 2-9

'부정적인' 감정들을 예방하거나 대처하기

- 당신의 부정적인 감정들을 인지하고 인정하기
- 이러한 것들이 인간의 일반적인 반응이라는 사실을 인지하기
- 당신 자신의 기분에 대해 책임지기
- 당신 기분의 원천을 확인하려고 노력하기
- 타인들에게 당신의 감정들을 표현하고 이것이 당신에게 얼마나 어려운 것인지 그들이 알게 하기
- '유인책들'을 조심하기!
- 부정적인 기분들을 극복하는 것은 일회성이 아니라는 것을 이해하기

  그것들은 돌아올 수 있다!

교수자료 2-10

대처하기

'우리가 잠재적으로 유해하거나 스트레스를 줄 수 있는 것이라고 평가한 상황들을 관리하기 위해 만드는 노력들' 로 정의할 수 있다.

잘 대처하는 사람

- 대처 전략의 목록을 가지고 있고,
- 유연하며,
- 긍정적인 견해를 가지고 있으며,
- 수동적이지 않고 무기력하지 않고,
- 인생을 통제하는 방법들을 찾는다.

교수자료 2-11

대처 기술 목록

- 스트레스 관리
- 시간 관리
- 문제해결
- 의사결정
- 라이프스타일 관리

교수자료 2-12

탄력성과 관련된 요인

- 보살피고 지지적인 관계
- 현실적인 계획을 세우고 수행하는 능력
- 자신에 대한 긍정적인 견해
- 자신의 장점과 능력에 대한 자신감
- 의사소통과 문제해결 능력
- 강한 충동과 감정을 관리하는 능력

교수자료 2-13

탄력성을 기르는 전략

- 사람들과 연대하라.
- 위기를 이겨내기 어려운 문제로 보지 말라.
- 변화를 삶의 일부로 받아들여라.
- 당신의 목표들을 향해 전진하라.
- 결정적인 조치를 취하라.
- 자기발견을 위한 기회를 찾아라.
- 자신에 대한 긍정적인 견해를 길러라.
- 긴 안목을 갖추어라.
- 희망적인 관점을 유지하라.
- 당신 자신을 돌보라.

교수자료 2-14

개인의 사회적 지지체계는 그 개인과 접촉하는 모든 사람, 기관, 조직이다.

사회적 지지는 다음을 제공한다.

- 물리적 또는 실제적 도움
- 자원과 정보 공유
- 정서적, 심리적 도움
- 태도 전이

교수자료 2-15

사회적 지지의 이점

- 스트레스 감소
- 육체적 건강 문제 감소
- 정서적 건강 증가

교수자료 2-16

웃는 법을 배우기!

유머와 웃음은 다음을 제공한다.

- 긴장을 완화시킨다.
- 선의를 전달한다.
- 부정적인 감정들을 없앤다.
- 스트레스와 슬픔을 경감시킨다.
- 통제감을 다시 느끼게 돕는다.
- 문제해결에서의 유연성을 증가시킨다.
- 면역체계를 증진한다.
- 신체에서 자연적인 진통제를 생성한다.

교수자료 2-17

당신의 삶에서 유머를 유지하기

- 재미있는 책을 읽는다.
- 재미있는 영화를 보러 가거나 재미있는 비디오나 DVD를 빌린다.
- 텔레비전에서 코미디 쇼를 본다.
- 재미있는 농담이나 이야기들을 모은다.
- 재미있는 카드나 이메일을 보낸다.
- 유머는 전염성이 있다. 곧 당신에게 되돌아올 것이다!
- 당신의 일상에서 유머를 찾거나 당신의 인생에서 예측하지 않았던 일을 찾는다.
- 당신이 재미있다고 생각하는 것을 보고 자신이 웃는 것을 허락하라.

교수자료 2-18

자기돌봄 기술의 평가

- 당신이 통제하고 조절할 수 있는 요인과 사건을 확인하라.
- 자신을 돌보기 위해 더 하고 싶은 것을 확인하고 향상시키기 위한 구체적인 목표를 정하라.
- 목표를 검토하라. 현실적이 되라.
- 돌보는 상황에서 필요한 것보다 더 많은 책임을 맡지 말라.

4. 유인물

로잘린 카터 케어기빙 연구소에서는『케어기버 지원 프로그램: Caring for You, Caring for Me(2판)』구매자에게는 유인물 복사를 허용한다.

유인물 2-1

세션의 목적

- 당신의 자기돌봄 기술 평가하기
- 자기 자신을 돌보지 않을 때 경험할 결과를 확인하기
- 당신이 경험할 수 있는 부정적인 감정들을 확인하고 검사하기
- 효과적인 대처 기술들을 확인하기
- 당신의 개인적인 지지체계를 확인하기
- 유머와 웃음의 역할과 중요성 인식하기

유인물 2-2(A)

[자기돌봄 체크리스트]

자신을 얼마나 잘 돌보고 있나요?

다음 문항을 읽고 자신에게 적용되는 정도에 따라 1(항상)에서부터 5(전혀 아니다)를 선택하시오.

1 항상	2 자주	3 어쩌다	4 거의 아니다	5 전혀 아니다

① 나는 정기적으로 운동을 한다.	1	2	3	4	5
② 나는 예방적이고 필수적인 병원과 치과 약속을 잡고 이행한다.	1	2	3	4	5
③ 나는 만족감을 주는 직장이나 자원봉사 활동이 있다.	1	2	3	4	5
④ 담배를 피우지 않는다.	1	2	3	4	5
⑤ 술을 마시지 않고 마약을 사용하지 않	1	2	3	4	5
는다.	1	2	3	4	5
⑥ 나는 날마다 충분한 수면을 취한다.	1	2	3	4	5
⑦ 나는 즐거워하는 취미나 오락활동이	1	2	3	4	5
있다.	1	2	3	4	5

	1	2	3	4	5
⑧ 나는 균형 잡힌 식사를 하루에 2~3회 한다.	1	2	3	4	5
⑨ 나는 모든 것(모든 문제와 성공)을 이야기할 수 있는 사람이 한 사람 이상 있다.	1	2	3	4	5
⑩ 나에게 중요한 일을 할 시간이 있다(교회 가기, 혼자 시간 보내기, 정원 가꾸기, 독서하기 등).	1	2	3	4	5
⑪ 나는 밤에 쉽게 잠든다.	1	2	3	4	5
⑫ 나는 개인적 목표가 있고 그것을 달성하기 위해 노력하고 있다.	1	2	3	4	5

합계 점수 = ______________

〈해석〉

12~24점: 자신을 잘 돌보고 있습니다.

25~36점: 향상시킬 여지가 있습니다.

37~48점: 자신을 잘 돌보고 있지 못합니다. 그리고 건강을 해칠 가능성이 있습니다.

49~60점: 건강을 해칠 가능성이 높습니다.

돌봄제공자의 점검 목록: 당신을 잘 돌보고 있나요(Bass, 1990, p. 35)에서 인용

유인물 2-3

돌봄제공자의 소진의 원인과 증상

원인은 다음과 같다.

- 돌봄을 받는 사람의 상황으로부터 오는 정서적 요구
- 돌봄을 받는 사람과 그 주변사람들의 조화를 이루기 어려운 요구
- 돌봄을 받는 사람의 무기력함
- 역할 모호
- 업무량
- 조화를 이루기 어려운 정책과 과정
- 사생활의 부족

이러한 원인들은 다음과 같은 감정을 일으킬 수 있다.

- 통제 부족
- 자율성 부족
- 목표 달성의 실패

증상은 다음과 같다.

- 우울
- 금단
- 무기력감 또는 절망감
- 부정적인 감정들
- 육체적 피로
- 수면 부족 또는 수면장애
- 돌봄을 받는 사람 학대
- 돌봄을 받는 사람 무시
- 개인적인 건강 문제들
- (낮은 자신감으로 이끄는) 낮아진 자존감

유인물 2-4

돌봄제공자의 소진을 예방하는 방법

- 당신의 부정적인 감정(정서)들을 인지하고 대처하기
- 대처 기술들의 목록을 작성하기
- 혼자서 하지 않기
  타인들이 당신을 돕게 하기
- 웃는 방법 배우기!

유인물 2-5

일반적인 '유인책들'

'유인책들'은 우리를 조종하기 위해서 다른 사람들이 행동하거나 말하는 것들을 말한다. 그것들은 타인들이 우리로부터 특정한 반응들을 얻어 내고, 우리를 중심에서 떼어 놓으며, 우리를 이용하기 위해서 사용하는 것이다.
일반적인 유인책의 예는 다음과 같다.

- 죄의식/수치심: "만약 당신이 정말로 돌본다면 당신은……." "괜찮아. 어떻게 해서든지 내가 처리할게."
- 비난하기: "당신이 하라고 해서 했는데…… 어떻게 됐는지 보세요." "모두 당신 잘못이에요."
- 희생양: "만약 ~만 하지 않았더라면……." "만약 당신이 ~를 하지 않았더라면 모든 것이 괜찮았을 텐데."
- 공감의 부족: "내가 어떤 일을 겪고 있는지 당신은 몰라요." "당신은 이해 못해요."
- 조언 구하기: "저는 지금 어찌할 바를 모르겠네요. 무엇을 해야 하죠?" "만약 당신이 내 처지라면 무엇을 하시겠습니까?"
- 편들게 만들기: "어떻게 그녀가 나에게 이럴 수 있지?" "넌 내 말에 동의하지, 안 그래?

유인물 2-6

'부정적인' 감정들을 예방하거나 대처하기

- 당신의 부정적인 감정들을 인지하고 인정하기
- 이러한 것들이 인간의 일반적인 반응이라는 사실을 인지하기
- 자신의 기분에 대해 책임지기
- 당신 기분의 원천을 확인하려고 노력하기
- 타인들에게 당신의 감정들을 표현하고 이것이 당신에게 얼마나 어려운 것인지 그들이 알게 하기
- '유인책들' 을 조심하기!
- 부정적인 기분들을 극복하는 것은 일회성이 아니라는 것을 이해하기. 그것들은 돌아올 수 있다!

유인물 2-7(A)

[정서에 대한 체크리스트]

부정적인 감정들에 대처하기

1. 가장 자주 느끼거나 가장 대처하기 힘든 감정을 표시하시오. 만약 가장 자주 경험하는 감정이 목록에 없다면 기타에 기술하시오.

• 화	• 공허함
• 좌절	• 무능
• 무기력	• 공포
• 죄의식	• 외로움
• 우울	• 당황
• 분노	• 실패
• 슬픔	• 질투

• 기타 ______________________________

2. 앞에서 선택한 감정에 대해서 다음 질문에 답하시오.
   - 어떤 상황에서 _______하게 느끼십니까? (구체적으로)
   - 이 감정을 느낄 때 관여되는 사람은 누구입니까?
   - 가장 최근에 _______을 느낀 것은 언제입니까? 어떤 상황이었습니까?
   - 그 감정을 느꼈던 환경이나 상황을 바꾸기 위해 무엇을 할 수 있습니까? 즉, 그 감정을 느끼지 않기 위해서 무엇을 할 수 있습니까? (구체적으로)

유인물 2-8

돌봄제공자들은 위한 대처 기술: 요약

스트레스 관리

스트레스를 줄이기 위해서

- 운동하라.
- 걱정에 대해 누군가에게 말하라.
- 자신의 한계를 알고 한계를 설정하라.
- 유쾌한 시간을 가져라.
- 해야 할 일을 알고 한 번에 한 가지만 해라.
- 울어도 괜찮다.
- 술이나 마약을 하지 말라.

시간 관리

- 어떤 활동에는 계획보다 시간이 많이 든다.
- 하루 할 일의 목록을 만들어라.
- 가장 중요하고 어려운 일을 먼저 하라.
- 비슷한 작은 일들은 모아 두었다 한꺼번에 하라.
- 대기해야 하는 일이 있으면 일거리를 가지고 가라.

- 해야 하는 일들을 평가하라. 할 수 있으면 다른 사람에게 부탁하라.
  필요하지 않은 것은 잊어라.

의사결정

- 문제를 명확히 하라.
- 어떤 해결책이나 결정이 만족시켜야 할 기준을 설정하라. 예를 들면, 시간이 있는가? 비용을 감당할 수 있는가?
- 관여된 모두에게 가장 적절한 것을 선택하라.
- 행동을 계획하라.

라이프스타일 관리

- 운동하라.
- 적당히 먹어라.
- 충분한 휴식과 수면을 취하라.
- 휴식을 취하라.
- 유머 감각을 유지하라.
- 정기적으로 건강검진을 받아라.
- 긍정적인 혼잣말을 사용하라(나는 할 수 있어. 어려울지도 모르지만, 그래도 나는 감당할 수 있어).
- 지지체계를 개발하고 이용하라.

유인물 2-9

탄력성 기르기

탄력성: 불행, 외상, 위협 그리고 다른 주요 스트레스를 당했을 때 이를 잘 극복하는 과정

탄력성에 관련된 요인

- 사랑과 신뢰를 만드는, 보살펴 주고 지지적인 관계
- 현실적인 계획을 세우고 수행하는 능력
- 자신의 장점과 능력에 대한 확신
- 의사소통과 문제해결 기술
- 강한 충동과 감정을 관리하는 능력

탄력성을 기르는 10가지 전략

- 사람들과 연대하라.
- 위기를 이겨내기 어려운 문제로 보지 말라.
- 변화를 삶의 일부로 받아들여라.
- 당신의 목표들을 향해 전진하라.
- 결정적인 조치를 취하라.
- 자기발견을 위한 기회를 찾아라.
- 자신에 대한 긍정적인 견해를 길러라.
- 긴 안목을 갖추라.
- 희망적인 관점을 유지하라.
- 당신 자신을 돌보라.

유인물 2-10

사회적 지지체계

개인의 사회적 지지체계는 그 사람이 만나는 개인, 기관, 조직 모두를 말한다.

- 물리적 또는 실제적 도움
- 자원과 정보 공유
- 정서적, 심리적 도움
- 태도 전이

개인적인 사회적 지지를 가지고 사용하는 것의 이점은 다음과 같다.

- 스트레스 감소
- 육체적 건강 문제 감소
- 정서적 건강 증가

유인물 2-11(A)

당신의 사회적 지지체계 평가하기

1. 어떤 사람이 당신을 돕습니까? (적용되는 사람에 표기하시오.)
    - 배우자
    - 의사
    - 전문기관
    - 부모
    - 간호사
    - 건강 단체
    - 자녀
    - 교회 동료들
    - 학교
    - 친척들
    - 직장 동료들
    - 사회적 기관
    - 목회자
    - 지지집단
    - 휴식 기관
    - 친구들
    - 시민단체, 클럽
    - 활동 프로그램
    - 다른 돌봄제공자

2. 다음 방법에 대해 도움을 주는 사람을 확인하시오.
    - 물리적 또는 실제적 도움(예: 교통, 가사일 도움)
    - 자원과 정보 공유(예: 지역 서비스에 대한 정보)
    - 정서적, 심리적 도움(예: 당신의 이야기를 듣고 당신을 격려해 줄 사람)
    - 태도 전이(예: 당신을 웃게 해 주고 사물을 더욱 긍정적으로 바라보게 도와줄 사람)

3. 친척, 친구 그리고 이웃들을 사회적 지원체계로 활용하기 어려운 실제적인 이유가 있습니까? 아니면 그들이 당신을 돕지 못하는 이유가 있습니까?

4. 혹시 당신을 돕지 않는 사람들이 가지고 있는 신념체계가 있습니까?

5. 다른 사람들이 당신을 돕는 것을 방해하는 당신의 태도나 신념은 무엇입니까?

6. 당신이 필요로 하는 도움을 받는 것을 막은 장애물(태도나 신념뿐만 아니라 실제적인 것)에 대처하기 위해 어떤 조치를 취했습니까?

유인물 2-12

유머와 웃음

유머와 웃음은 다음을 가능하게 한다.

- 긴장을 완화시킨다.
- 선의를 전달한다.
- 부정적인 감정들을 없앤다.
- (근육 완화를 통해) 스트레스와 슬픔을 경감시킨다.
- 통제감을 다시 느끼게 돕는다.
- (다른 관점에서 사물을 보는 것을 도움으로써) 문제해결에서의 유연성(융통성)을 증가시킨다.
- 면역체계를 증진시킨다.
- 신체에서 자연적인 진통제(엔도르핀)를 생성한다.

삶에서 유머와 웃음을 간직하기 위해서는

- 재미있는 책을 읽는다.
- 재미있는 영화를 보러 가거나 재미있는 비디오나 DVD를 빌린다.
- 텔레비전에서 코미디 쇼를 본다.
- 재미있는 농담이나 이야기들을 모은다.
- 재미있는 카드나 이메일을 보낸다(유머는 전염성이 있다.-곧 당신에게 되돌아올 것이다!).
- 당신의 일상에서 유머를 찾거나 인생에서 예측하지 않았던 일을 찾는다.
- 당신이 재미있다고 생각하는 것을 보고 자신이 웃는 것을 허락하라.

유인물 2-13

더 나은 자기돌봄 계획하기:
돌봄제공자들의 자기돌봄 평가하기

- 당신이 통제할 수 있고 (통제를 가지고 있고) 관리할 수 있는 요인들과 사건들을 확인하라.
- 자신을 돌보기 위해 더 많은 것을 하고 싶어 하는 범주들을 확인하라. 그것을 할 수 있는 일부 구체적인 방법들은 무엇인가? 발전을 위한 구체적인 목표들을 설정하라.
- 당신의 목표들을 검토하라. 그것들이 현실적이고 도달 가능한 것인지 확인하라. 작은 것부터 시작하고 모든 것을 한 번에 하려고 하지 말라. 그렇지 않으면 당신은 실패감과 좌절을 느낄 것이다.
- 돌봄 상황에서 당신이 해야 하는 것보다 더 많은 책임을 지지 말라.

Chapter 3

협력관계 맺기

Chapter 3 협력관계 맺기

1. 개 관

1) 목 표

전문 및 가족 돌봄제공자들이 서로의 관점을 알아보고, 돌봄제공 과정에서 상대방과 긍정적인 관계를 맺고 유지하는 데 필요한 도구를 제공한다.

2) 주 제

• 전문 및 가족 돌봄제공자의 관계 유형
• 보다 도움이 되는 돌봄제공자 되기
• 협력관계 맺기
• 협력관계 유지하기

3) 준비물

- 참여자용 유인물
- 전지와 마커
- 종이나 천 가방 안에 든 (다양한 모양과 크기의) 어린이용 블록 세트
- 큰 스카프나 두건(눈을 가리는 데 사용)
- 테이프
- 필기도구
- 프로젝터

2. 주요 개념과 방법

1) 소 개

돌봄관계는 최소한 세 유형의 참여자들이 관련된다. 전문 돌봄제공자, 가족 돌봄제공자 그리고 돌봄을 받는 사람이다. 돌봄 받는 사람에게 적절하고 효과적인 돌봄을 제공하기 위해서는 전문 돌봄제공자와 가족 돌봄제공자의 관계가 매우 중요하다. 오늘은 두 유형의 돌봄제공자들의 관계에 초점을 맞출 것이다.

2) 세션의 목적

교수자료 3-1: 세션의 목적

유인물 3-1: 세션의 목적

이 세션의 목적은 다음과 같다.

- 참여자들이 전문 및 가족 돌봄제공자들 간의 협력관계의 중요성을 인식하도록 돕는다.
- 전문/가족 돌봄제공자의 다양한 관계 유형을 설명한다.
- 보다 도움이 되는 돌봄제공자가 되고, 협력관계를 맺을 수 있는 방법을 논의한다.
- 협력관계를 맺는 데 필요한 요소들을 소개한다.
- 협력관계를 유지하는 데 필요한 기술들을 검토한다.

3) 전문 및 가족 돌봄제공자 관계의 유형

블록 쌓기 활동으로 세션을 시작한다. 진행을 도와줄 세 명의 지원자를 뽑는다.

활동 1 블록 쌓기 연습

1. 시범활동을 도와줄 세 명의 지원자를 요청한다.

2. 세 명 중 한 명에게 다음 지시가 있을 때까지 방 밖에 있어 달라고 한다(도우미 2).

3. 남아 있는 두 명의 지원자에게 테이블 주변이나 바닥에 앉아 달라고 한다. 지원자들은 자신이 편하고, 다른 참여자를 관찰하기 쉬운 장소에 앉는다.

4. 한 명에게 아동용 블록으로 탑을 만들어 달라고 부탁한다(건축가). 나머지 한 명의 지원자는 이 일을 도울 것이다(도우미 1). 이 두 명의 지원자와 참여자들에게 활동에 대해 설명하라. 다음과 같이 말할 수 있다.

[건축가에게] "10~12분 동안 아동용 블록으로 최대한 '높은' 탑을 만들어 주세요. 가능한 한 블록을 많이 사용해 주세요."

[도우미 1에게] "당신의 과제는 언어적 지시나 팁으로 건축가를 돕는 것입니다. 당신은 건축가의 블록을 만져서는 안 됩니다. 잠시 후에 저는 [도우미 2]에게 들어와서 여러분의 과제를 도와주라고 할 것입니다. 하지만 그는 당신이 무엇을 하려는지 모릅니다. 그에

게 정보를 주고 새로운 과제를 주는 것이 당신의 일입니다. 그에게도 블록을 만지지 못하게 하십시오."

5. 다음에는 다음과 같이 말하라.
"여기 한 가지 제약이 있습니다. 이 활동을 하는 동안 [건축가]는 눈을 가릴 것입니다. 그는 자신이 쌓는 탑이나 블록을 볼 수 없습니다."
6. 건축가의 눈을 가린다.
7. 건축가의 앞 바닥과 테이블에 블록을 흩어놓는다. 두 지원자에게 활동을 시작하라고 말한다.
8. 2분 동안 그들이 활동하게 하고 밖에 있는 [도우미 2]에게 다음과 같이 말한다.
"나는 두 명의 지원자에게 과제를 주었습니다. 당신의 과제는 그들을 돕는 것입니다. 지금 방으로 들어가세요. 그러나 당신은 아주 잠깐 동안 있게 됩니다. 그다음에 나는 당신에게 나갔다가 다시 부를 때까지 들어오지 말라고 할 것입니다."
9. [도우미 2]를 방으로 들어오게 한다. 1분 후 [도우미 2]를 나가게 하고 나머지 둘은 계속 활동을 진행하도록 한다.
10. [건축가]와 [도우미 1]이 2분간 활동을 계속하게 한다.
11. [도우미 1]에게 잠시 나가 있으라고 하고, [도우미 2]에게 다시 방으로 들어와 [건축가]를 돕게 한다. [도우미 2]는 1분 동안만 머무른다.
12. [도우미 1]과 [도우미 2]를 방에 남겨두고, 다른 참여자에게 [건축가]를 밖으로 안내한 후 잠시 동안 그와 함께 있게 한다.
13. 두 명의 지원자에게 무슨 일이 일어나고 있는지, 어떻게 진행해야 할지 의논하게 한다. 이 논의에는 다른 사람은 참여하지 않는다. 2분간 시간을 준다.
14. [건축가]를 방으로 들여보내고 [도우미 2]를 내보낸다. [도우미 1]과 [건축가]가 2분 동안 더 작업하게 한다.

15. [도우미 1]을 방으로 들여보내고 세 명의 지원자가 1분 동안 더 작업하게 한다.

16. 끝났다고 말하고 눈가리개를 풀어 준다. 지원자와 관찰자들이 이 활동에 대해 토론하게 한다. 이 활동에 참여한 세 명의 지원자에게 직접 질문하는 것으로 시작하라.

다음과 같은 질문을 할 수 있다.

활동에 참여한 세 명의 지원자에게

- 활동하는 동안 어떤 느낌이었습니까? 부정적인 느낌이었습니까 아니면 긍정적인 느낌이었습니까?
- 활동하는 동안 잘했거나 '옳게' 행동했다고 생각하는 것은 무엇입니까?
- 활동하는 동안 다르게 할 수 있었거나 더 잘할 수 있었다고 생각되는 것은 무엇입니까?
- 이 과정 동안 사람들이 들어왔다 나갔다 하는 것은 어땠습니까?(어떻게 느껴졌습니까?) (세 명의 지원자 각자에게 이 질문에 대답할 시간을 준다.)

집단의 관찰자들에게

- [도우미 1]과 [도우미 2] 사이에서 어떤 것을 관찰했습니까? 경쟁 아니면 협력? 다른 사람의 의견이나 생각 존중 아니면 존중 부족? 서로에게 개방적 아니면 거리감?
- 두 도우미의 관계가 [건축가]에게 어떤 영향을 주었습니까? 과제수행 능력에는 어떤 영향을 주었습니까?
- 세 지원자들 사이에 일어나는 어떤 느낌을 관찰하거나 알았습니까?
- [건축가]는 어떤 방식으로 과제를 수행하였습니까? (예를 들어, 도우미들이 "제가 어떻게 하면 당신에게 가장 도움이 될까요?" 또는 "우리가 이 과제를 어떻게 해야 한다고 생각하세요?"라고 물은 적이 있습니까?) 한 도우미가 다른 도우미에게 [건축가]를 이 과정에 포함시키자고 했습니까? [건축가]가 어떤 제안이나 아이디어를 제공한 적이 있습니까?
- 보다 협력적인 관계를 맺고 궁극적으로 참여자 모두가 더 잘 해낼 수 있도록, 도우미들이 다르게 해 볼 수 있었던 것이 있다면 그것은 무엇입니까?

전체 집단에게

- [건축가]를 돌봄 받는 사람, [도우미 1]을 가족 돌봄제공자, [도우미 2]를 전문 돌봄제공자

라고 생각해 봅시다. 그렇다면 여러분이 방금 보거나 행한 것과 마지막 몇 분간의 느낌이 현실의 돌봄 상황과 어떻게 연관됩니까?

토론의 요점은 다음과 같다.

- 돌봄제공 상황의 모든 구성원 간의 의사소통은 매우 중요하다. 세 사람은 각자의 역할이 있고, 주어진 상황의 특성에 따라 적절하게 관여해야 한다. 이 실습에서처럼 항상 관여자가 모두 있는 것은 아니어서 그들이 없는 동안 어떤 일이 일어났는지 알지 못한다. 효과적이고 안전한 돌봄을 제공하기 위해서는 정보의 공유가 필수적이다.
- 전문 돌봄제공자가 항상 가족 돌봄제공자와 많은 시간을 보내는 것은 아니다. 그러므로 가족 돌봄제공자는 전문 돌봄제공자와의 시간을 유용하게 보내기 위해 약속을 준비할 필요가 있다.
- 대개 가족 돌봄제공자는 전문 돌봄제공자보다 돌봄 받는 사람과 더 많은 시간을 보낸다. 전문 돌봄제공자는 가족 돌봄제공자들이 돌봄 받는 사람에 대해 알고 이해한 내용을 인정하고 요청할 필요가 있다.
- 돌봄 받는 사람은 심지어 그 요청이나 행동이 돌봄 받는 사람에게 직접적인 영향을 줄 때조차 의사결정이나 문제해결 등에서 배제되곤 한다. 이렇게 하는 데는 돌봄 받는 사람의 강점이나 능력보다는 할 수 없는 것에 초점을 맞추기 때문이거나, 돌봄제공자들이 하는 것이 시간이 덜 걸리기 때문이거나, 돌봄 받는 사람이 염려하거나 당황하지 않게 하기 위해서 등 수많은 이유가 있다.
- 구성원 모두가 다른 구성원의 관점에서 상황을 보도록 노력하는 것이 중요하다. 이는 다른 사람의 생각과 행동에 대한 보다 깊은 이해를 돕고, 문제해결과 과제 완수 또는 지시에 대한 순응을 촉진시킨다.
- '돌봄제공 삼각형' 안의 어느 한 사람이라도 듣고, 잘 의사소통하고, 다른 사람의 관점을 알려고 하지 않는다면 돌봄제공 상황에서 부정적 정서 경험과 안 좋은 결과들이 증가할 수 있다.

모든 지원자들에게 감사를 표하고 박수를 쳐 준다.

※ 앞 활동의 8~15단계에서 지원자들의 위치와 시간

단 계	교실 안	복도/교실 밖	시 간
8	건축가, 도우미 1	도우미 2	2분
9	건축가, 도우미 1, 2	–	1분
10	건축가, 도우미 1	도우미 2	2분
11	건축가, 도우미 2	도우미 1	1분
12~13	도우미 1, 2	건축가	1~2분
14	건축가, 도우미 1	도우미 2	2분
15	건축가, 도우미 1, 2	–	1~2분

*(이 활동은 약 30분 소요된다.)

4) 관계의 삼각형

교수자료 3-2: 관계의 삼각형

유인물 3-2: 관계의 유형

전문 돌봄제공자와 가족 돌봄제공자 그리고 돌봄 받는 사람이 '관계의 삼각형'을 이룬다고 생각해 보라. 가끔 가족 돌봄제공자와 돌봄 받는 사람은 가까운 관계를 맺고 있지만 전문 돌봄제공자는 포함시키지 않을 때가 있다. 어떤 관계에서는 전문 돌봄제공자가 돌봄 받는 사람과는 가깝게 작업하면서, 가족 돌봄제공자에게는 관심을 별로 기울이지 않는 경우도 있다. 전문 및 가족 돌봄제공자는 서로에게 초점을 맞춰, 결과적으로 삼각형의 세 번째 각, 즉 돌봄 받는 사람을 소홀히 할 수도 있다. 이러한 상황에서는 두 유형의 돌봄제공자가 서로를 (갈등적인) 경쟁자나 (독립적인) 개인으로 보는 것 같다. 이 두 관계 유형의 특징은 다음과 같다(Walker, 1989, pp. 104~105).

교수자료 3-3: 돌봄제공자가 돌봄 받는 사람을 잊게 되는 상황은……

① 경쟁적인 관계

- 상호관계는 부정적이거나 적대적인 경향이 있다.
- 돌봄 받는 사람을 위한 상대방의 염려, 우선순위 또는 노력에 대한 지지가 부족하다.
- 대개 양쪽의 노력을 서로 오해한다.

② 독립적인 관계

- 전문 돌봄제공자와 가족 돌봄제공자 간에 상호작용이 거의 없다.
- 돌봄 받는 사람을 위한 의도적인 협력이나 각자의 염려, 우선순위 또는 노력에 대한 지지가 거의 없다.
- 관계 발전의 기회가 거의 없다.
- 돌봄 받는 사람은 필요한 서비스를 중복적으로 받거나 받지 못할 수도 있다.

교수자료 3-2: 관계의 삼각형

이 관계의 세 번째 각—항상 삼각형의 꼭지점에 있는 돌봄 받는 사람—이 간과되어서는 안 된다. 돌봄 받는 사람은 가능한 한 최선의 돌봄을 받기 위해 전문 돌봄제공자와 가족 돌봄제공자의 공유된 도움과 지지를 받아야 한다. 다시 말해, 전문 및 가족 돌봄제공자는 협동적인 협력자가 되어(상호의존적) 돌봄 받는 사람에게 최선의 돌봄을 제공한다는 공동 목표를 향해 협력하여야 한다. 이는 이 교육 및 지지 프로그램의 첫 번째 지침 원칙이다. '돌봄 받는 사람에 대한 진정한 관심(genuine concern)'. 이 세 번째 관계 유형의 특징은 다음과 같다(Walker, 1989).

③ 협력적 관계

- 건설적인 갈등해결에 헌신한다.
- 협력한다(공동 목표를 세우고 헌신한다. 자원과 의사결정 책임을 공유한다).
- 돌봄 받는 사람을 위한 각자의 염려와 우선순위에 대해 진정으로 관심을 갖는다.
- 각자의 노력을 의도적으로 강화한다.

• 돌봄 받는 사람을 위한 전문, 가족 돌봄제공자 둘 다의 목표를 반영하는 계획에 도달할 기회가 더 많다.

교수자료 3-4: 최상의 돌봄이 가능한 상황

여기서 가장 중요하게 기술될 것은 '전문 및 가족 돌봄제공자의 상호관계'로서 이 프로그램의 네번째 지침 원칙이다.

5) 도움이 되는 그리고 도움이 되지 않는 돌봄제공자

협동적인 협력자가 되는 첫 번째 단계는 돌봄제공 상황에 관여한 사람들에게 무엇을 기대하고 요구하는지를 이해하는 것이다. 도움이 되는 그리고 도움이 되지 않는 전문 돌봄제공자와 가족 돌봄제공자의 특징을 살펴보자.

활동 2 **보다 도움이 되는 돌봄제공자가 되는 방법**

가족 돌봄제공자에게 질문지 A의 1과 2 '보다 도움이 되는 돌봄제공자가 되는 방법' 〈유인물 3-3(A)〉를 작성하게 한다. 전문 돌봄제공자에게 동일한 유인물 질문지 B의 1과 2를 작성하게 한다. 가족 돌봄제공자와 전문 돌봄제공자들은 작성할 파트를 선택할 수 있다. 참여자들에게 8~10분 정도 질문지 1과 2에 응답할 시간을 준다[두 집단은 세션 후반에 질문지 3을 작성할 것이다].

참여자들을 가족 돌봄제공자와 전문 돌봄제공자 집단으로 나눈다. 가족 돌봄제공자와 전문 돌봄제공자의 역할을 모두 하는 사람은 작성한 유인물에 따라 참여할 집단을 선택할 수 있다. 집단의 크기는 동일하게 유지해야 한다. 만약 한 집단이 6~8명을 초과하면 집단원을 둘 또는 그 이상의 집단으로 나누는 것이 좋다.

모든 집단에 큰 활동지 세 장을 준다. 집단원들에게 각 활동지에 다음 제목들을 쓰게 하고 15~20분 정도 이 제목들과 질문지 1과 2에 대한 응답을 논의할 시간을 준다.

가족 돌봄제공자용 제목

도움이 되지 않는 전문 돌봄제공자의 특징

도움이 되는 전문 돌봄제공자의 특징

전문 돌봄제공자를 위한 조언(tips)

전문 돌봄제공자용 제목

도움이 되지 않는 가족 돌봄제공자의 특징

도움이 되는 가족 돌봄제공자의 특징

가족 돌봄제공자를 위한 조언

다음 각 집단에게 각 제목에 대한 응답들을 (한 번에 하나씩) 게시하고 보고하게 한다. 다음 순서대로 범주들을 제시하는 것이 좋다.

- 도움이 되지 않는 전문 돌봄제공자의 특징
- 도움이 되는 전문 돌봄제공자의 특징
- 도움이 되지 않는 가족 돌봄제공자의 특징
- 도움이 되는 가족 돌봄제공자의 특징

예를 들어, 가족 돌봄제공자 집단이 첫 번째로 도움이 되지 않는 전문 돌봄제공자의 특징을 나열할 수 있다. 가족 돌봄제공자 집단원 모두가 목록을 발표하고 나면 전문 돌봄제공자들이 가족 돌봄제공자에게 질문할 수 있다.

그다음 전문 돌봄제공자들에게 그들의 목록을 발표하게 한 후, 가족 돌봄제공자들에게 응답할 기회를 준다.

모든 응답이 나열되고 논의되고 나면 모든 참여자들이 가족 돌봄제공자와 전문 돌봄제공자에 대해 보다 진지한 토론을 할 수 있도록 이끈다. 논의 주제는 다음과 같은 것들이 될 수 있다.

- 도움이 되지 않는 가족 돌봄제공자와 도움이 되지 않는 전문 돌봄제공자의 유사점과

차이점은 무엇인가?

- 도움이 되는 가족 돌봄제공자와 도움이 되는 전문 돌봄제공자의 유사점과 차이점은 무엇인가?
- 돌봄제공자의 각 유형을 어디에서 '지각(perceptions)' 하게 되는가?
- 우리의 지각은 얼마나 정확한가?
- 도움이 되지 않는 돌봄제공자에게 우리는 어떻게 반응할까? 도움이 되는 돌봄제공자에게는 어떻게 반응할 것 같은가?

토론의 결론을 맺으면서 참여자들에게 세션 후반에 질문지 3을 작성하게 될 것이므로 각 집단에 남아 있고 활동지를 지참하도록 알려 준다. 그다음 가족 돌봄제공자와 전문 돌봄제공자 간의 협력관계를 맺는 데 필요한 요소들과 협력관계를 유지하는 데 필요한 기술들을 논의하라.

6) 협력관계를 맺는 데 필요한 요소들

교수자료 3-5: 협력관계를 맺는 데 필요한 요소들

유인물 3-4: 협력관계를 맺고 유지하기

전문 및 가족 돌봄제공자들이 협동적 협력자(cooperative collaborators)가 되기 위해서는 양쪽 모두의 의식적인 노력과 계획이 필요하다. 협력관계 구축에 필수적인 요소들은 다음과 같다.

① 효과적인 의사소통

- 개방적이고 진실되다.
- 자신을 표현하고 경청한다.

② 상호존중

- 서로를 돌봄제공 팀의 동등한 구성원으로 본다.
- 아이디어, 정보, 감정들을 공유한다.
- 공동의 가치와 경험들을 공유한다.

③ 신뢰

- 신뢰를 발전시키도록 각 개인이 서로를 알아 가는 시간을 갖는다.

유인물 3-5: 전문 및 가족 돌봄제공자 간의 신뢰와 존중 구축을 위한 제안

수업 외 시간에 〈유인물 3-5〉 '전문 및 가족 돌봄제공자 간의 신뢰와 존중 구축을 위한 제안들'에 대해 읽을 시간을 가져라.

7) 협력관계 유지를 위한 기술들

교수자료 3-6: 협력관계 유지를 위한 기술들

유인물 3-4: 협력관계를 맺고 유지하기

전문 및 가족 돌봄제공자들 간의 협력관계를 유지하기 위해서는 끊임없는 노력과 특정 기술 활용이 필요하다. 구체적으로 다음 세 가지의 기술들이 권장된다.

① 조망 수용

- 상대방의 신념이나 느낌, 행동방식을 알아 감으로써 상대방의 입장을 이해한다.
- 돌봄제공자의 행동에 동기가 되었던 선한 의도를 올바로 인식한다.

집단 토론

주의: 집단원들이 다음에 기술되는 가상 상황의 '양쪽'을 이해할 수 있도록 이끈다.

전문 돌봄제공자와 가족 돌봄제공자의 행동이 불일치할 수 있는 상황들에 대해 살펴보자. 각 상황에서 각 사람의 긍정적인 동기는 어떤 것일까?(각 사례마다 긍정적 동기의 예가 제시되었다.)

- 신체장애아를 특수학급에 배치하는 학교 행정가의 결정(예: 아동은 보다 개별적인 관심과 적절한 서비스를 받게 될 것이다.)
- 돌봄 받는 사람에게 약의 양을 줄이거나 늘리는 의사의 결정(예: 환자는 일상 기능을 보다 잘하게 될 것이다.)
- 필요한 서비스를 받지 못하게 됨에도 불구하고 의료보험(medicaid)을 신청하지 않겠다는 가족의 결정(예: 가족들이 스스로를 돌볼 수 있다. 우리는 다른 사람들만큼 많은 도움이 필요하지 않다.)
- 알츠하이머병 환자인 노인을 양로원이나 다른 기관에 보내지 않고 집에서 돌보겠다는 가족의 결정(예: 집에서 더 편하고 혼란이 적을 것이며, 더 나은 돌봄을 받을 것이다.)

다른 사람이 왜 다르게 행동하는지를 더 많이 아는 것이 당신의 입장을 포기한다는 의미가 아님을 인식하는 것이 중요하다. 이제 당신의 상황을 살펴보자.

전문 또는 가족 돌봄제공자와 효과적으로 대화할 때, 당신이 가졌던 또는 가지고 있는 문제는 무엇인가?

- 그것에 대해 어떻게 느끼는가?
- 당신은 이 상황과 다른 사람에 대해 어떻게 생각하는가?

집단 토론

주의: 참여자들의 감정과 생각을 이해할 만한 것이라고 타당화해 준다. 그다음 참

여자들이 부정적으로 반응했던 어떤 행동에 대해 가능한 한 긍정적인 동기를 소리 내어 추측함으로써 조망 수용의 모델을 보인다. 그다음 참여자들에게 돌봄 상황에서 발생할 수 있는 다양한 행동의 긍정적인 동기들에 대해 상상해 보게 한다. 참여자들이 '조망 수용' 능력을 보여 주면 정적 강화 적용 학습으로 초점을 옮긴다.

② 정적 강화

- 감사를 표현한다.
- 상대방의 행동에 대해 기쁨을 주는 보상을 제공한다.

집단 토론

다음 요점들은 가족 및 전문 돌봄제공자 간의 협력적인 관계에서 정적 강화의 중요성을 논의하기 위한 몇 가지 지침들이다.

- 전문 돌봄제공자가 가족 돌봄제공자에게 정적 강화를 제공하는 경우는 어떤 것인가? 가족 돌봄제공자가 전문 돌봄제공자에게 정적 강화를 제공하는 경우는 어떤 것인가?
- 가장 최근에 전문 돌봄제공자에게 칭찬을 받은 것이 언제인가? 가족 돌봄제공자에게 칭찬을 받은 것은 언제인가?
- 전문 또는 가족 돌봄제공자와의 상호작용에서 사용할 수 있는 정적 강화의 예는 무엇인가? (예: 돌봄 받는 사람을 위한 그들의 노력을 칭찬하기, 다른 사람의 요청에 대한 친절한 행동이나 반응에 대한 감사 편지 쓰기, 요청에 대한 반응 고려하기, 돌봄 받는 사람이나 당신에 대한 다른 사람의 기쁨 또는 긍정적인 관심 인정하기)

당신이 협력관계를 유지하는 데 필요한 세 번째 기술, 자주 연락하기를 개발한다면 정적 강화를 제공할 기회를 찾기가 더 쉬워진다.

③ 자주 연락하기

가족과 전문 돌봄제공자 간의 의사소통은 서신이나 전화, 직접방문을 통해 유지될 수 있다. 자주 연락하기는 관련된 모든 사람이 돌봄 받는 사람에 대한 정확한 정보를 갖도록 도와준다. 정확한 정보가 부족하면 관계가 손상될 수 있다. 특히 강렬한 감정들이 연관되어 있을 때 그러하다.

집단 토론

집단에게 돌봄제공자들 간에 자주 연락하기의 중요성에 대해 논의하게 한다. 다음에 논의를 위한 주제들이 제시되어 있다.

- 자주 연락하지 않았을 때 발생할 수 있는 문제에는 어떤 것들이 있을까?
  (예: 비순응(non-compliance), 추수활동이 잘 되지 않음)
- 이 문제들로 인해 어떤 결과가 초래될 수 있을까?
  (예: 혼란/좌절/모호한 역할과 목적, 돌봄 받는 사람의 쇠퇴)

8) 도움이 되는 돌봄제공자가 되는 방법에 대한 '상대편의 조언'

유인물 3-3(A): 보다 도움이 되는 돌봄제공자가 되는 방법, 질문 3

도움이 되는 그리고 도움이 되지 않는 돌봄제공자의 특징, 협력관계를 맺고 유지하는 데 필요한 기술과 조건들을 모두 고려하면 〈유인물 3-3(A)〉 '보다 도움이 되는 돌봄제공자가 되는 방법'의 질문 3으로 돌아가게 된다. 가족 돌봄제공자들은 전문 돌봄제공자가 더 도움이 되도록 어떤 조언을 해 주겠는가? 전문 돌봄제공자들은 가족 돌봄제공자들이 더 도움이 되도록 어떤 '조언'을 해 주겠는가? 4~5분 정도 집단원들과 의논해 보고 다른 유형의 돌봄제공자에게 줄 가장 중요한 제안이나 '조언' 2~3개를 큰 종이에 쓴다.

4~5분 동안 집단 작업을 하고 반응을 큰 종이에 적은 후, 모든 사람들이 볼 수 있도록 '조언'을 발표해 달라고 부탁한다. '조언'은 큰소리로 읽는다(전체 활동에 약 15분 정도 걸린다).

주의: 다양한 특징과 조언들을 모아 다음 세션 때 복사하여 나눠 준다.

9) 마무리

전문 및 가족 돌봄제공자 간의 협력 증진은 돌봄 받는 사람에게 최상의 돌봄을 제공하고, 돌봄제공자가 스스로를 더 잘 돌보게 하는 데 필수적이다. 각자 그 관계에 가져갈 무엇인가를 갖고 있다. 전문 돌봄제공자들은 기술, 지식, 자원들을 갖고 있다. 가족 돌봄제공자들은 근접성, 애정, 장기간의 헌신 그리고 돌봄 받는 사람에 대한 지식을 갖고 있다. 가족 및 전문 돌봄제공자가 서로를 파트너로 보고 그들의 독특하고 필수적인 기술과 자원들을 돌봄 상황에 가지고 올 수 있다면 모두에게 매우 유익할 것이다. 그러한 목표를 달성하고 적절하게 행동하는 데는 각 개인의 시간, 인내, 노력이 요구되긴 하지만 관련된 사람들은 모두 많은 혜택을 볼 것이다.

참고문헌

Walker, B. (1989). Strategies for improving parent-professional cooperation. In G. Singer & L. Irvin (Eds.) *Support for caregiving families: Enabling positive adaptation to disability*. Baltimore, MD: Paul H. Brookes.

3. 영상 / 슬라이드

교수자료(소개)

협력관계 맺기

교수자료 3-1

세션의 목적

- 참여자들이 전문 돌봄제공자와 가족 돌봄제공자 간의 협력관계의 중요성을 인식하도록 돕는다.
- 전문/가족 돌봄제공자 관계의 여러 가지 유형을 설명한다.
- 보다 도움이 되는 돌봄제공자가 되는 법, 협력관계를 맺는 방법을 논의한다.
- 협력관계를 맺는 데 필요한 요소들을 소개한다.
- 협력관계를 유지하기 위한 기술들을 검토한다.

교수자료 3-2

관계의 삼각형

교수자료 3-3

돌봄제공자들이 돌봄 받는 사람을 잊게 되는 상황은……

1. 경쟁적인 관계
   - 상호작용은 부정적이고 적대적인 경향이 있다.
   - 서로의 관심사, 우선순위 또는 노력에 대한 지지가 부족하다.
   - 양쪽의 노력을 서로 오해한다.

2. 독립적인 관계
   - 전문 돌봄제공자와 가족 돌봄제공자 간에 상호작용이 거의 없다.
   - 서로의 관심사, 우선순위 또는 노력에 대한 협력이나 지지가 거의 없다.
   - 관계 발전의 기회가 거의 없다.
   - 돌봄 받는 사람은 필요한 서비스를 중복적으로 받거나 받지 못할 수 있다.

교수자료 3-4

최상의 돌봄이 가능한 상황

협력적 관계

- 건설적인 갈등해결에 헌신한다.
- 협력한다(공동 목표를 세우고 헌신한다. 자원과 의사결정 책임을 공유한다).
- 돌봄 받는 사람을 위한 각자의 염려와 우선순위에 대해 진정으로 관심을 갖는다.
- 서로의 노력을 의도적으로 강화한다.
- 돌봄 받는 사람을 위한 전문 및 가족 돌봄 제공자 둘 다의 목표를 반영하는 계획에 도달할 기회가 더 많다.

교수자료 3-5

협력관계를 맺는 데 필요한 요소들

1. 효과적인 의사소통
   - 개방적이고 진실되다.
   - 자신을 표현하고 경청한다.

2. 상호존중
   - 서로를 돌봄제공 팀의 동등한 구성원으로 본다.
   - 아이디어, 정보, 감정들을 공유한다.
   - 공동의 가치와 경험을 공유한다.

3. 신뢰
   - 서로를 알아 가면서 신뢰를 발전시킬 시간을 갖는다.

교수자료 3-6

협력관계 유지를 위한 기술들

1. 조망 수용
   - 상대방의 신념이나 느끼는 방식을 알아감으로써 상대방의 입장을 이해한다.
   - 돌봄제공자의 행동에 동기가 되었던 선한 의도를 올바로 인식한다.

2. 정적 강화
   - 감사를 표현한다.
   - 상대방의 행동에 대해 기쁨을 주는 보상을 제공한다.

3. 자주 연락하기
   - 서신, 전화, 직접방문 등을 통해 의사소통을 유지한다.

4. 유인물

로잘린 카터 케어기빙 연구소에서는『케어기버 지원 프로그램: Caring for You, Caring for Me(2판)』구매자에게는 유인물 복사를 허용한다.

유인물 3-1

세션의 목적

- 참가자들이 전문 및 가족 돌봄제공자 간의 협력관계의 중요성을 인식하도록 돕는다.
- 전문/가족 돌봄제공자 관계의 여러 가지 유형을 설명한다.
- 도움이 되는 돌봄제공자가 되는 법, 협력관계를 맺는 방법을 논의한다.
- 협력관계를 맺는 데 필요한 요소들을 소개한다.
- 협력관계를 유지하는 데 필요한 기술들을 검토한다.

유인물 3-2

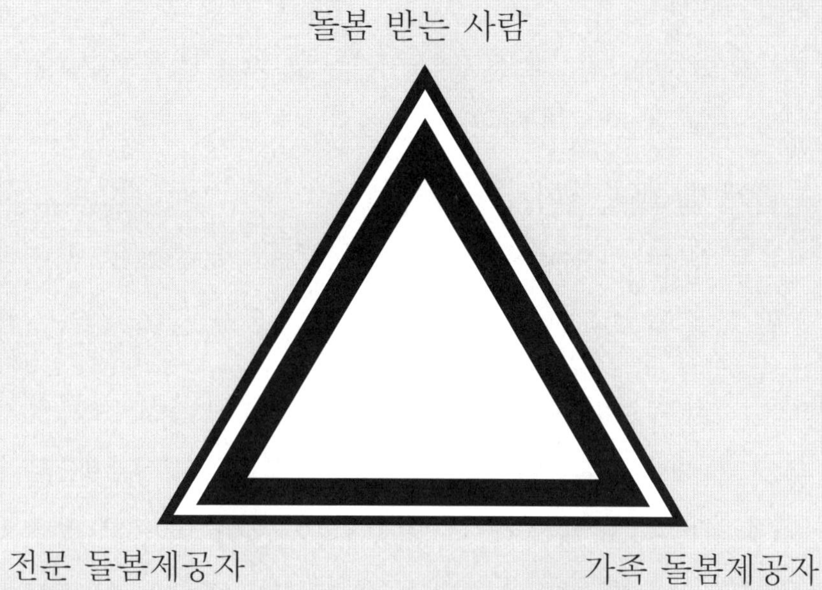

관계의 유형

1. 경쟁적인 관계
    - 상호작용은 부정적이고 적대적인 경향이 있다.
    - 서로의 관심사, 우선순위 또는 노력에 대한 지지가 부족하다.
    - 양쪽의 노력을 서로 오해하는 경우가 많다.

2. 독립적인 관계
   - 전문 돌봄제공자와 가족 돌봄제공자 간에 상호작용이 거의 없다.
   - 서로의 관심사, 우선순위 또는 노력에 대한 협력이나 지지가 거의 없다.
   - 관계 발전의 기회가 거의 없다.
   - 돌봄 받는 사람은 필요한 서비스를 중복적으로 받거나 받지 못할 수 있다.

앞의 두 가지 관계 유형에서는 돌봄제공자들이 서로에게 집중하게 되어 종종 돌봄 받는 사람의 욕구를 잊게 된다. 그러나 협력적 관계에서는 돌봄제공자들이 협동적 협력자가 된다. 그들은 돌봄 받는 사람에게 최상의 돌봄을 제공하기 위해 함께 작업한다.

3. 협력적 관계
   - 건설적인 갈등해결에 헌신한다.
   - 협력한다(공동 목표를 세우고 헌신한다. 자원과 의사결정 책임을 공유한다).
   - 돌봄 받는 사람을 위한 각자의 염려와 우선순위에 대해 진정으로 관심을 갖는다.
   - 서로의 노력을 의도적으로 강화한다.
   - 돌봄 받는 사람을 위한 전문 및 가족 돌봄제공자 둘 다의 목표를 반영하는 계획에 도달할 기회가 더 많다.

유인물 3-3(A)

보다 도움이 되는 돌봄제공자가 되는 방법

1. 가족 돌봄제공자용
   - 당신에게 특히 도움이 되지 않았던 전문 돌봄제공자를 생각해 보라. 그가 도움이 되지 않았던 점들을 나열해 보라.
   - 당신에게 특히 도움이 되었던 전문 돌봄제공자를 생각해 보라. 그가 도움이 되었던 점들을 나열해 보라.
   - 앞에 기술한 두 돌봄제공자의 특징들을 비교해 보라. 전문 돌봄제공자가 더 도움이 될 수 있도록 당신이 줄 수 있는 제안이나 '조언' 은 무엇인가?

2. 전문 돌봄제공자용
   - 당신에게 특히 도움이 되지 않았던 가족 돌봄제공자를 생각해 보라. 그가 도움이 되지 않았던 점들을 나열해 보라.
   - 당신에게 특히 도움이 되었던 가족 돌봄제공자를 생각해 보라. 그가 도움이 되었던 점들을 나열해 보라.
   - 앞에 기술한 두 돌봄제공자의 특징들을 비교해 보라. 가족 돌봄제공자가 더 도움이 될 수 있도록 당신이 줄 수 있는 제안이나 '조언' 은 무엇인가?

유인물 3-4

협력관계를 맺고 유지하기

협력관계를 맺는 데 필요한 요소들

1. 효과적인 의사소통
   - 개방적이고 진실되다.
   - 자신을 표현하고 경청한다.
2. 상호존중
   - 서로를 돌봄제공 팀의 동등한 구성원으로 본다.
   - 아이디어, 정보, 감정들을 공유한다.
   - 공동의 가치와 경험을 공유한다.
3. 신뢰
   - 서로를 알아 가면서 신뢰를 발전시킬 시간을 갖는다.

협력관계를 유지하는 데 필요한 기술들

1. 조망 수용
   - 상대방의 신념이나 느끼는 방식을 알아감으로써 상대방의 입장을 이해한다.
   - 돌봄제공자의 행동에 동기가 되었던 선한 의도를 올바로 인식한다.
2. 정적 강화
   - 감사를 표현한다.
   - 상대방의 행동에 대해 기쁨을 주는 보상을 제공한다.
3. 자주 연락하기
   - 서신, 전화, 직접방문 등을 통해 의사소통을 유지한다.

유인물 3-5

전문 및 가족 돌봄제공자 간의 신뢰와 존중 구축을 위한 제안

전문 돌봄제공자	가족 돌봄제공자
• 가족 돌봄제공자를 있는 그대로 수용해 준다. • 가족 돌봄제공자가 표현하는 염려와 요구들을 적극적으로 경청한다. • 법적, 윤리적으로 허용되는 선에서 모든 정보와 자원을 공유한다. • 가족 돌봄제공자와의 모든 만남을 준비한다. • 약속을 지킨다. 신속하게 전화 응답해 주고 약속한 자료들을 공유한다. • 가족 돌봄제공자의 전문성이 빛날 기회를 준다. • 필요할 때 그곳에 있어 준다.	• 전문 돌봄제공자를 있는 그대로 수용해 준다. • 전문 돌봄제공자가 주는 정보와 염려를 적극적으로 경청한다. • 돌봄 받는 사람의 상태와 당신의 염려에 대한 모든 중요한 정보를 전문 돌봄제공자와 공유한다. • 전문 돌봄제공자와의 모든 만남을 준비한다. • 약속을 지킨다. 지키지 못할 제안이나 약속은 하지 않는다. • 전문 돌봄제공자의 전문성이 빛날 기회를 준다. • 항상 연락될 수 있게 하거나 전문 돌봄제공자에게 당신이 어디쯤에 있는지 알려 준다.

Chapter 4

문제의 예방과 해결

Chapter 4

문제의 예방과 해결

1. 개 관

1) 목 표

이 세션의 목표는 참여자들로 하여금 돌봄을 제공할 때 직면하게 되는 문제해결의 기술을 발달시키도록 돕는 것이다.

2) 주 제

- 돌봄제공자들이 지닌 잠재적 문제
- 문제해결의 개념 정의
- 문제해결을 위한 지침
- 문제해결의 5단계 모델

- 문제해결의 사례 연구

3) 준비물

- 유인물
- 큰 칠판 또는 전지
- 테이프
- 프로젝터
- 참가자용 연필 또는 펜

2. 주요 개념과 방법

1) 소 개

가족 및 전문 돌봄제공자의 삶은 도전과 난관 그리고 보상으로 가득 차 있다. 그중 도전과 난관은 종종 '문제(problem)'라는 형태로 다가온다. 우리는 흔히 '문제'라는 용어에서 부정적인 이미지를 떠올리는 경향이 있는데, 충족되지 않은 욕구나 목표를 향해 전진하는 데 방해가 되는 것을 '문제'라고 간주하기도 한다.

교수자료 4-1: 문제란……

표준사전의 정의를 보면 '문제'란 "연구나 이해 또는 해결을 위해 생겨난 물음……. 당황스러움, 고민 또는 초조함의 근원"이다.(Merriam-Webster Online Dictionary, 2004). 돌봄제공자들에게 있어 문제란 아마도 "실질적 해결을 필요로 하는 단순한 욕구나 상황"으로 묘사될 수 있을 것이다(Goldfarb et al., 1986, p. 109).

2) 세션의 목적

교수자료 4-2: 세션의 목적

유인물 4-1: 세션의 목적

이 세션은 참가자들이 돌봄을 제공할 때 겪게 되는 문제해결 기술을 발전시키도록 돕기 위해 고안된 것이다. 이 세션의 목적은 다음과 같다.

- 돌봄제공자들이 겪는 공통적인 문제 정의
- 문제해결을 위한 지침에 대한 토론
- 문제해결을 위한 5단계 모델 설명
- 참가자들이 자신의 사례와 실제 문제에 앞의 모델을 적용하여 연습해 볼 수 있는 기회 제공

3) 돌봄제공자의 잠재적 문제

집단 토론

전문 및 가족 돌봄제공자들이 직면하게 되는 잠재적 문제들은 어떤 것이 있는지 질문하라. 칠판에 이를 기록하라.

돌봄을 제공하는 동안 여러분은 돌봄제공자로서 수많은 문제에 직면하게 될 것이다. 예를 들면, 다음과 같다.

- 필요한 돌봄을 위한 재정 부족
- 돌봄제공을 도와줄 충분한 인력의 부족
- 돌봄을 받는 사람의 주된 행동의 변화

- 다른 돌봄제공자들과의 협력 부족
- 필요한 자원의 부족
- 가족 돌봄제공자가 돌봄제공을 지속하는 것이 불가능해짐
- 돌봄을 받는 사람이 돌봄제공자의 한계를 이해하는 능력 부족

교수자료 4-3: 문제해결을 위한 접근

앞에서 언급한 문제들은 어느 정도 예측이 가능하나 어떤 문제들은 갑자기 찾아오기도 한다. 우리는 문제를 예측함으로써 혹은 발생 초기에 대응 행동을 취함으로써 어려운 상황이 발생하지 않도록 예방할 수 있거나 적어도 그로 인한 부정적 결과를 최소화할 수 있다. 이것을 우리는 사후행동(reaction)이 아닌 사전행동(proaction)이라 부른다. 사후행동은 어떤 일이 일어날 때까지 기다렸다가 행동을 취하는 것인 반면, 사전행동은 미리 예측하고 계획하여 위기에 도달하기 전에 먼저 문제와 직면하는 것이다. 사전행동은 상황을 통제할 수 있게 해 준다.

4) 개념 정의와 지침

교수자료 4-4: 문제해결

클라인크(Kleinke, 1991, p. 31)에 따르면, "문제해결이란 생의 도전에 대응하기 위한 계획을 세울 때 우리가 따르게 되는 절차이며, 이는 실질적인 기술이라고 할 수 있다. 그러나 심리적으로도 매우 유용하다."라고 하였다. 좋은 문제해결 기술을 구축하는 데는 꾸준한 연습보다 더 확실한 것은 없다. 돌봄제공자가 어떤 문제에 대해서도 창조적이고 유연하며 적응적 태도를 지닌다면 그들이 문제해결을 위해 선택하는 방법이 무엇이든지 간에 문제를 해결하는 데 보다 성공적일 수 있을 것이다. 문제해결 기술은 돌봄제공자가 흔히 느끼는 부담감을 줄여 줄 수 있다.

교수자료 4-5: 문제해결 지침

유인물 4-2: 문제해결 지침

문제해결을 위한 접근에서 염두에 두어야 하는 열 가지 일반적 지침은 다음과 같다.

- 문제 상황은 우리 모두가 당면하게 되는 지극히 정상적인 삶의 일부라는 것을 이해하라.
- 당신이 곧 문제해결자라는 자기인식을 발달시켜라(자신에게 나는 문제해결자라고 되뇌라).
- 문제를 해결하려고 하기 전에 먼저 당신이 과연 통제할 수 있는 상황인지를 분명히 하라. 통제할 수 없는 문제에 귀중한 시간과 에너지를 낭비하지 말라.
- 침착하고 논리적으로 그리고 이성적으로 문제 상황에 접근하라. 충동적 · 감정적 · 수동적으로 접근하지 말라.
- 체계적으로 접근하라. 문제해결을 위해 단계적으로 차근차근 접근함으로써 문제에 압도되지 않을 수 있다.
- 당신의 사회적 지원체계를 문제해결에 사용하라. 가능한 사회적 지원체계에는 가족 구성원, 친구, 동료, 전문적 서비스 제공자, 교회 구성원, 공공조직 구성원 등이 포함된다. 문제해결을 위해 다른 사람에게 도움을 요청하는 것을 주저하지 말라.
- 문제해결의 기본 재료인 '좋은 의사소통'을 사용하라. 정보를 개방적으로 나누고 질문하기를 두려워하지 말라.
- 대부분의 경우에 단 한 가지의 해결책이나 단 한 가지의 올바른 행동만이 존재하는 것은 아님을 유념하라. 여러 가능한 대안들이 있고 그중에 최선이라고 생각하는 것을 선택하는 것이다.
- 성공적인 문제해결은 결코 쉽지 않음을 이해하라. 때때로 힘든 일과 협조를 필요로 한다.
- 당신의 문제해결 기술을 연습하라. 문제해결 기술은 훈련을 통해 급격히 향상될 것이다.

5) 문제해결의 사례 연구-이마(Ima)의 사례

유인물 4-3(A): 돌봄제공자 이마(Ima)의 사례

모델을 제시하기 전에 참여자에게 사례를 읽을 시간을 주라. 원한다면 당신이 큰소리로 읽어 줘도 좋다.

5단계 문제해결 모델을 제시하기 전에 우리는 돌봄제공자 이마의 상황을 읽기 위해 잠깐의 시간을 가질 것이다. 문제해결 모델이 제시될 때, 돌봄제공자 이마의 상황을 기억하라.

6) 문제해결 모델

유인물 4-4: 문제해결의 단계

가족이나 전문 돌봄제공자 모두에게 유용한 5단계 문제해결 모델을 제시할 것이다. 각 단계를 설명한 후에 이마의 상황에 맞추어 이를 토론할 것이다. 그러나 먼저 이마의 지원망에서 주요 구성원들을 찾아보자.

참여자에게 이마의 사회적 지원망에서 '누가 문제해결에 중요한 사람들인지'를 질문하고 그 이름을 칠판에 기록하라.

① 단계 1: 문제 정의

- 그 문제에 포함되어 있거나 얽혀 있는 것이 무엇인지 정확하게 이해하려고 노력하라.
- 핵심적인 이슈나 갈등 그리고 연루되어 있는 사람들이 누구인지 결정하라.

- 증상이 아닌 '실제' 문제를 정의하였는지 확인하라.
- 모든 관련된 자원으로부터 정보를 수집하라.
- 해결 가능하고 행동지향적인 형식으로 문제를 진술하라.
- 문제를 정의하는 데 있어서 당신 자신의 사회적 지원망 내 구성원들도 포함시켜라(그들은 당신이 객관적 시각을 가질 수 있게 하며, 문제의 여러 가지 측면을 고려할 수 있도록 용기를 줄 것이다).
- 문제에 대해서는 구체적이어야 하며 간결한 형태로 서술해야 한다.

교수자료 4-6: 단계 1

1단계를 제시하고 참여자에게 돌봄제공자 이따가 당면한 문제를 규정할 것을 요청하라. 칠판에 참여자들이 말하는 내용을 나열하라. 구체적 문제에 대한 참여자들의 합의를 얻어 내도록 하라.

② 단계 2: 브레인스토밍 기법을 활용하여 대안적 해결방법을 규명하고 나열하라

브레인스토밍 기법을 사용할 때 다음 사항을 분명히 해야 한다.

- 모두가 자신의 아이디어를 제시할 기회를 가지며, 누구도 이 과정을 독점하지 않게 한다.
- 제시되는 아이디어들이 평가되거나 검열되지 않도록 한다.
- 모든 참여자들이 즉각적인 아이디어를 말하도록 권장한다.
- 모두가 창조적이며 비심판적 태도를 가지고, 강한 자의식 없이 아이디어를 교환하는 데 개방되어 있도록 한다.
- 문제해결을 위해 가능한 한 많은 대안들을 나열한다.

교수자료 4-7: 단계 2

브레인스토밍 기법을 활용하여 참여자들이 이마의 상황에 대한 대안적 해결방법을 나열하도록 하고, 이를 칠판에 기록하라. 가능한 한 많은 대안들을 나열하고 각 대안에 대해 판단적인 언급이나 평가를 하지 않도록 하라.

③ 단계 3: 각 방안들에 대한 평가 및 일련의 행동을 선택하기

브레인스토밍 이후, 지금은 대안들을 좁혀 나가는 시간이다.

- 실행 가능하지 않은 방안, 비합법적이거나 비윤리적 방안 또는 가치 문제와 관련되어 있는 방안들은 지워 나가는 방식으로 하여 제시된 방안의 수를 줄여라.
- 남겨진 방안들의 유용성에 대하여 평가하라.
- 각 방안들이 가져올 수 있는 긍정적, 부정적 결과를 고려하라.
- 둘 또는 그 이상의 개별 방안을 통합하는 것이 문제해결을 위한 더 좋은 방안이 될 수 있다면 그렇게 하라.
- 나열한 방안들에 필요한 개선작업, 즉 다듬는 작업을 하라.
- 가장 실행가능성이 높고 최선의 결과가 나올 수 있는 방안을 선택하라.
- 첫째 방안이 제대로 작동하지 않을 경우를 대비한 대안적 계획을 갖도록 하라.

교수자료 4-8: 단계 3

이마의 상황을 사용하여 참여자들이 그 방안들을 평가하도록 하라. 필요하다면 삭제하거나 합치고, 실행을 위한 가장 최선의 것(그리고 차선의 대안)을 선택하라. 시간이 허락하면 모든 참가자들로부터 합의를 얻어 내도록 노력하라.

④ 단계 4: 행동하기/해결방안을 실행하기

해결방안 실행을 위해 당신은 반드시 다음 사항을 실천해야 한다.

- 해결방안을 실행하기 위한 전략을 준비하라. 단계별 계획을 짜도록 하라.
- 각각의 필요 과업들을 누가 책임질 것인지 결정하고, 모든 사람들이 자신의 책임을 받아들이는 데 동의하였는지를 명확히 하라.
- 분담된 과업을 수행하라.
- 지속적으로 의사소통하라.

교수자료 4-9: 단계 4

이마의 상황에 맞는 해결방안을 실행에 옮기기 위한 전략에 대해 간략하게 토의하라. 해결을 위해 제시된 과제를 실행하는 데 누가 가장 적합할 것인지에 대해 명확히 하라.

⑤ 단계 5: 해결방안을 시험하고 조정하라

해결방안 이행에 착수하게 되면 필요에 따라 당신은 해결방안을 시험하고 조정해야 한다.

- 선택된 일련의 행동을 취하라.
- 참여하고 있는 모든 사람들로부터 그것의 성공 여부에 대한 피드백을 개방적인 태도로 받아들여라.
- 어떤 새로운 정보라도 주의 깊게 고려하라.
- 필요한 경우 계획의 실행을 조정하라.
- 실행 계획이 제대로 기능하지 않는다면 차선의 대안적 해결방안을 시도해 보거나 문제해결 과정으로 다시 돌아가도록 준비하라.

교수자료 4-10: 단계 5

이마의 상황에 관하여 전체 참여자와 간략하게 논의하라. 해결방안을 이행하는 데 있어서의 예상되는 장애물이나 어려움이 없는지 고려하라.

7) 문제해결 과정 – 요약

교수자료 4-11: 문제해결 과정

다이어그램을 이용하여 문제해결 과정의 순환적 특성을 설명하라.

문제해결 과정은 각 단계가 다음 단계로 옮겨가면서 새로운 문제들이 나타나는 하나의 계속되는 과정 또는 순환으로 이해될 수 있다. 과정이 진행되는 가운데 이전 단계로 또는 경우에 따라서는 맨 처음 단계로 돌아갈 수 있을 만큼의 충분한 유연성을 가지고 있어야 한다. 문제해결의 각 단계들을 진행하는 동안 동일한 문제해결 과정을 이용하여 다루어야 할 새로운 문제들이 발견되기도 한다.

8) 문제해결 연습 – 실제 상황

이제 이 세션의 남은 시간 동안 당신들이 실제로 겪고 있는 문제를 두고 이에 대한 해결에 착수해보자.

활동 1 집단 문제해결

- 참여자들을 소집단으로 나누라(한 집단에 4~7명으로 구성). 가능하다면 집단을 구성할 때 전문 돌봄제공자, 가족 돌봄제공자 그리고 자원봉사자가 고루 섞이도록 하라. 각 집단에게 구성원들이 가지고 있는 당면 문제를 선정하게 하고 지금까지 배운 문제해결 과정을 적용시키도록 하라. 참여자들에게 사회적 지원망에 속한 사람들을 모두 포함할 수는 없을 것이라는 점을 상기시켜라. 그러나 문제의 해결을 위해 반드시 포함되어야 하는 적합한 사람이 누군지를 결정하라고 요청하라.
- 적어도 모델의 3단계까지는 시도해 보도록 요청하라. 그리고 시간이 허락한다면 4단계도 논의하도록 하라. 한 집단 또는 그 이상의 집단들로 하여금 그들의 문제를 전체 참여자들에게 발표시켜라. 그리고 시간이 허락한다면 문제해결 과정을 어떻게 활용하였는지에 대해서도 이야기하게 하라. 전체 참여자들로 하여금 그 집단이 시도한 문제해결 접근을 수정하는 것이 유익하다고 생각되면 그렇게 할 수 있도록 허락하라.
- 적절한 기회를 이용하여 앞서 제시했던 일반적인 지침과 문제해결의 단계들을 상기시켜라.

9) 마무리

문제해결은 연습과 협조를 필요로 하는 하나의 기술이라는 점을 기억하라. 이 기술은 사용하면 할수록 더욱 편안해지고 확신이 생길 것이며, 점차 쉬워질 것이다.

다음 세션까지 오늘 배운 문제해결 접근법을 사용하여 자신의 돌봄제공 상황에서 발생한 문제 중 적어도 한 가지를 가지고 문제해결을 시도해 보라. 그렇게 해서 오늘 배운 5단계 모델이 여러분의 기억 속에 생생히 남아 있을 동안에 문제해결 과정을 연습할 수 있도록 하라.

참고문헌

Merriam-Webster Online Dictionary. (2004).

Goldfarb, L. A., Brotherson, M. J., Summers, J. A., & Turnbull, A. P. (1986). *Meeting the challenge of disability or chronic illness-A family guide.* Baltimore: Paul H. Brookes.

Horowitz, K. E., & Lanes, D. M. (1992). *Witness to illness: Strategies for caregiving and coping.* Reading, MA: Addison-Wesley.

Kleinke, C. L. (1991). *Coping with life challenges.* Pacific Grove, CA: Brooks/Cole.

3. 영상 / 슬라이드

교수자료(소개)

문제의 예방과 해결

교수자료 4-1

문제란……

"연구나 이해 또는 해결을 위해 생겨난 물음……. 당황스러움, 고민 또는 초조함의 근원"

"실질적 해결을 필요로 하는 단순한 욕구나 상황"

교수자료 4-2

세션의 목적

- 돌봄제공자들이 겪는 공통적인 문제의 정의
- 문제해결을 위한 지침에 대한 토론
- 문제해결을 위한 5단계 모델 설명
- 참가자들이 자신의 사례와 실제 문제에 앞의 모델을 적용하여 연습해 볼 수 있는 기회 제공

교수자료 4-3

문제해결을 위한 접근

사전행동(Proaction)

Vs.

사후행동(Reaction)

교수자료 4-4

문제해결

문제해결이란

생의 도전에 대응하기 위한

계획을 세울 때 따르게 되는 절차

교수자료 4-5

문제해결 지침

- 문제들은 우리 모두가 당면하게 되는 지극히 정상적인 삶의 일부라는 것을 이해하라.
- 당신이 곧 문제해결자라는 인식을 발달시켜라.
- 당신이 통제할 수 있는 문제에 대해서만 해결하도록 노력하라.
- 침착하게 이성적으로 문제에 접근하라.
- 체계적으로 문제에 접근하라.
- 당신의 사회적 지원체계를 문제해결에 사용하라.
- 좋은 의사소통을 사용하고 정보를 개방적으로 나누라.
- 일반적으로 단 한 가지의 해결책이나 일련의 행동만이 존재하는 것은 아님을 유념하라.
- 성공적인 문제해결은 힘들고 또 많은 협조를 필요로 한다는 것을 이해하라.
- 당신의 문제해결 기술을 연습하라.

교수자료 4-6

단계 1

문제 정의

- 핵심적인 이슈나 사람들이 누구인지 결정하라.
- '실제' 문제를 찾아내어 정의하라.
- 모든 관련된 자원으로부터 정보를 수집하라.
- 해결 가능하고 행동지향적인 형식으로 문제를 진술하라.
- 당신의 사회적 지원망 내 구성원들도 포함시켜라.
- 구체적이며 간결하게 하라.

교수자료 4-7

단계 2

대안적 해결방법의 규명 및 나열

- '브레인스토밍' 기술을 사용하라.
- 가능한 한 많은 대안들을 나열하라.
- 제시되는 아이디어들을 평가하거나 검열하지 말라.
- 창조적이며 비심판적 태도를 취하라.
- 모든 참여자들이 참여할 기회를 가질 수 있도록 하라.

교수자료 4-8

단계 3

각 방안들에 대한 평가 및 행동 선택

- 실행이 불가능하다고 판단되는 방안은 생략하라.
- 남겨진 방안들을 평가하라.
- 각 방안들의 가능한 결과를 고려하라.
- 방안들을 통합하고 수정하라.
- 가장 실행가능성이 높고 최선의 결과가 나올 수 있는 방안을 선택하라.
- 차선책도 준비하라.

교수자료 4-9

단계 4

행동하기/해결방안을 실행하기

- 단계별 계획을 세워라.
- 각 과업에 대한 책임자를 결정하라.
- 과업을 실행에 옮겨라.
- 계속적으로 의사소통하라.

교수자료 4-10

단계 5

해결방안의 시험과 수정

- 일련의 행동을 실행하라.
- 피드백을 받고 새로운 정보에 대해 고려하라.
- 필요한 경우 실행계획을 수정하라.
- 만약 계획대로 잘 되지 않는다면 차선책을 시도해 보거나 문제해결 과정으로 다시 돌아가라.

교수자료 4-11

문제해결 과정

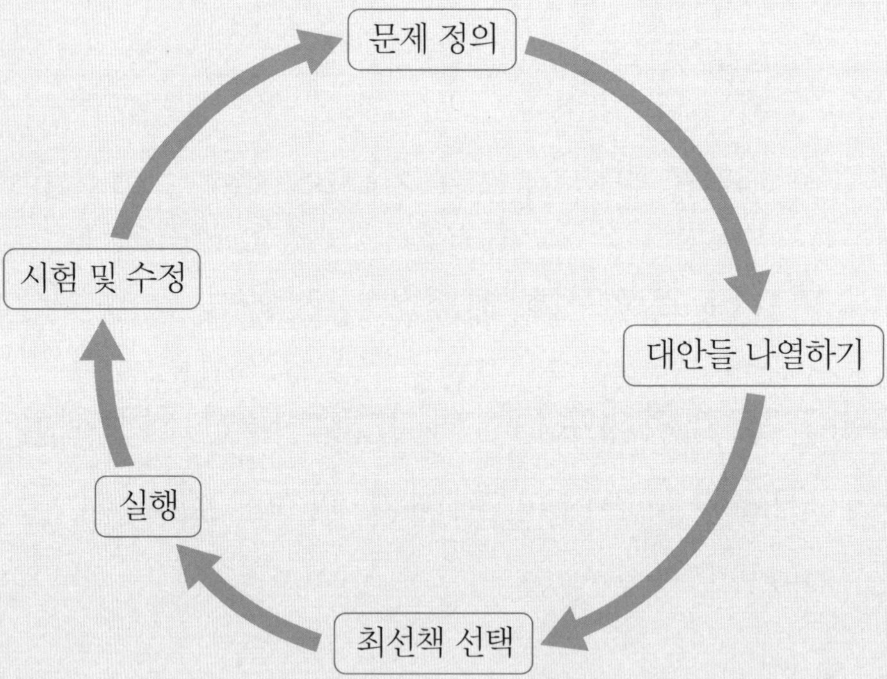

4. 유인물

로잘린 카터 케어기빙 연구소에서는『케어기버 지원 프로그램: Caring for You, Caring for Me(2판)』구매자에게는 유인물 복사를 허용한다.

유인물 4-1

세션의 목적

이 세션의 목적은 다음과 같다.

- 돌봄제공자들이 겪는 공통적인 문제가 무엇인지 규명하는 것
- 문제해결을 위한 지침에 대해 토론하는 것
- 문제해결을 위한 5단계 모델을 설명하는 것
- 참여자들이 사례와 실제 문제에 모델을 이용하여 연습해 볼 수 있는 기회를 제공하는 것

유인물 4-2

문제해결 지침

"문제해결이란 생의 도전에 대응하기 위한 계획을 세울 때 우리가 따르게 되는 절차이며, 이는 실질적 기술임과 동시에 확신을 가져다주는 건축가다."

- 문제 상황은 우리 모두가 당면하게 되는 지극히 정상적인 삶의 일부라는 것을 이해하라.
- 당신이 곧 문제해결자라는 자기인식을 발달시켜라(자신에게 나는 문제해결자라고 되뇌라.).
- 문제를 해결하려고 하기 전에 먼저 당신이 과연 통제할 수 있는 상황인지를 분명히 하라. 통제할 수 없는 문제에 소중한 시간과 에너지를 낭비하지 말라.
- 침착하고 논리적으로 그리고 이성적으로 문제 상황에 접근하라. 충동적, 감정적, 수동적으로 접근하지 말라.
- 체계적으로 접근하라. 문제해결을 위해 단계적으로 차근차근 접근함으로써 문제에 압도되지 않을 수 있다.

- 당신의 사회적 지원체계를 문제해결에 사용하라. 가능한 사회적 지원체계에는 가족 구성원, 친구, 동료, 전문적 서비스 제공자, 교회 구성원, 공공조직 구성원 등이 포함된다. 문제해결을 위해 다른 사람에게 도움을 요청하는 것을 주저하지 말라.
- 문제해결의 기본 재료인 '좋은 의사소통'을 사용하라. 정보를 개방적으로 나누고, 질문하기를 두려워하지 말라.
- 대부분의 경우에 단 한 가지의 해결책이나 단 한 가지의 올바른 행동만이 존재하는 것은 아님을 유념하라. 여러 가능한 대안들이 있고 그중에 최선이라고 생각하는 것을 선택하는 것이다.
- 성공적인 문제해결은 결코 쉽지 않음을 이해하라. 때때로 힘든 일과 협조를 필요로 한다.
- 당신의 문제해결 기술을 연습하라. 문제해결 기술은 훈련을 통해 급격히 향상될 것이다.

유인물 4-3

돌봄제공자 이마(Ima)의 사례

이마는 39세 된 딸 유라(Eura)와 함께 살고 있는 77세의 홀로된 여성이다. 유라는 십대가 되기도 전에 사고를 당해 어깨 아래로는 전혀 움직일 수가 없다. 유라는 반드시 휠체어를 이용해야 하고 대부분의 시간은 집에 머문다. 때때로 지루함과 우울증을 보이기는 하지만 정신기능은 양호한 편이다. 의료적 돌봄이 약간 필요하지만 유라의 상태는 안정적이다. 다만 의자에서 침대로 옮길 때와 같은 일상생활에서는 상당 부분 보조가 필요하다.

이마의 남편은 유라를 들어 올리거나 옮길 때 도움을 주었지만 3년 전 심장병으로 갑작스레 세상을 떠났다. 이마에게는 다른 두 자녀가 있는데, 45세 된 아들은 약 100마일 떨어진 곳에서 아내와 두 자녀와 함께 살고 있고, 42세의 딸은 이혼해서 600마일 떨어진 곳에 둘째, 셋째 자녀와 함께 살고 있다(첫째 자녀—이마의 손녀—는 결혼해서 이마로부터 약 150마일 떨어진 대학에 다니고 있다).

이마는 손과 무릎에 관절염을 앓고 있어서 유라를 들어 올려 움직이는 것이 점점 더 힘들다고 느낀다. 이마는 가사도우미를 고용해 일주일에 4일 음식 준비와 청소를 맡기고 있다. 가사도우미는 유라의 돌봄에도 도움을 주고 있으나, 가사도우미와 이마 모두 가사도우미가 유라를 돌보는 일에 전적으로 책임지도록 하는 것은 원하지 않는다.

이마는 자가용을 가지고 있어서, 개인적인 용무 대부분은 스스로 할 수 있다. 그러나 나이가 들어감에 따라 자신이 유라를 돌보는 일을 계속할 수 있을지에 대해 염려하고 있다.

이마에게는 자신을 자주 방문해 주거나 자주 전화하는 가까운 친구가 몇 명 있다. 경우에 따라서는 친구들과 함께 외출도 한다. 그러나 유라를 돌볼 사람을 찾는 것은 어렵다. 남편이 죽은 후로는 휴가를 가져 본 적도 없다. 어떤 날은 괜찮다고 느끼지만 또 어떤 날은 하루 종일 힘겨워한다.

이마는 정해진 수입에 의존해 살고 있다. 남편의 생명보험 덕분에 생활하는 데 지장은 없다. 유라의 의료비용 대부분도 해결되고 있다. 이마는 자신이 받고 있는 수입 덕에 편안하게 살 수 있으나 따로 저축을 해 둔 것이나 투자해 놓은 것은 없다.

유인물 4-4

문제해결의 단계

단계 1: 문제 정의

- 그 문제에 포함되어 있거나 얽혀 있는 것이 무엇인지 정확하게 이해하려고 노력하라.
- 핵심적인 이슈나 갈등 그리고 연루되어 있는 사람들이 누구인지 결정하라.
- 증상이 아닌 '실제' 문제를 정의하였는지 확인하라.
- 모든 관련된 자원으로부터 정보를 수집하라.
- 해결 가능하고 행동지향적인 형식으로 문제를 진술하라(해결할 수 없는 문제나 당신이 통제할 수 없는 문제를 포함시키지 말라).
- 문제를 정의하는 데 있어서 당신의 사회적 지원망의 구성원들도 포함시켜라(그들은 당신이 객관적 시각을 가질 수 있게 하며, 문제의 여러 가지 측면을 고려할 수 있도록 용기를 줄 것이다).
- 문제에 대하여는 구체적이어야 하며 간결한 형태로 서술해야 한다.

단계 2: 브레인스토밍 기법을 활용한 대안적 해결방법을 정의하고 나열하기

- 문제해결을 위해 가능한 한 많은 대안들을 나열하라. 제시되는 아이디어들을 평가하거나 검열하지 말라.
- 모든 참여자들이 즉각적인 아이디어를 말하도록 권장하라.
- 모두가 창조적이며 비심판적 태도를 가지고, 강한 자의식 없이 아이디어를 교환하는 데 개방적이 되라.
- 모든 참여자가 자신의 아이디어를 제시할 기회를 가지며, 누구도 이 과정을 독점하지 못한다는 것을 명심하라.

단계 3: 각 방안들에 대한 평가 및 일련의 행동을 선택하기

- 실행 불가능한 방안, 비합법적이거나 비윤리적 방안 또는 가치 문제와 관련되어 있는 방안들은 지워 나가는 방식으로 하여 제시된 방안의 수를 줄여라.
- 남겨진 방안들의 유용성에 대하여 평가하라.
- 각 방안들이 가져올 수 있는 긍정적, 부정적 결과를 고려하라.
- 둘 또는 그 이상의 개별 방안을 통합하는 것이 문제해결을 위한 더 좋은 방안이 될 수 있다면 그렇게 하라.
- 나열된 방안들에 필요한 개선작업, 즉 다듬는 작업을 하라.
- 가장 실행가능성이 높고, 최선의 결과가 나올 수 있는 방안을 선택하라.
- 첫째 방안이 제대로 작동하지 않을 경우를 대비한 대안적 계획을 갖도록 하라.

단계 4: 행동하기/해결방안을 실행하기

- 해결방안을 이행하기 위한 전략을 준비하라. 단계별 계획을 짜도록 하라.
- 각각의 필요 과업들을 누가 책임질 것인지 결정하고, 모든 사람들이 자신의 책임을 받아들이는 데 동의하였는지를 명확히 하라.
- 분담된 과업을 수행하라.
- 지속적으로 의사소통하라.

단계 5: 해결방안의 시험과 수정

- 선택된 일련의 행동을 취하라.
- 참여하고 있는 모든 사람들로부터 그것의 성공 여부에 대한 피드백을 개방적인 태도로 받아들여라.
- 어떤 새로운 정보라도 주의 깊게 고려하라.
- 필요한 경우 실행 계획을 수정하라.
- 실행 계획대로 잘 되지 않을 경우, 차선의 대안적 해결방안을 시도해 보거나 문제해결 과정으로 다시 돌아가도록 준비하라.

Chapter 5

자원에 대한 접근과 개발

Chapter 5 자원에 대한 접근과 개발

1. 개 관

1) 목 표

참여자들이 돌봄제공에 도움이 될 수 있는 지역사회 내의 자원을 찾아내어 접근하고 개발할 수 있도록 돕는다.

2) 주 제

- 공식적 돌봄체계
- 체계 탐색하기
- 지역의 구체적인 자원들
- 자원 이용의 장애들

- 사회적 지원 네트워크

3) 준비물

- 유인물
- 큰 칠판
- 프로젝터
- 지역사회 자원을 알려 주는 편람이나 브로슈어
- 필기도구

※ 프로그램 지도자를 위한 노트

최대의 효과를 달성하기 위해서 '지역의 구체적 자원들'을 다루는 제5장은 참여자들의 욕구가 반영된 프로그램이 실시되는 해당 지역사회 내에서의 가용자원들에 초점을 맞춘다.

각 주마다, 각 지역사회마다 자원은 매우 광범위하고 다양하다. 어떤 지역사회에서는 한 조직에서 이 프로그램에서 설명하고 있는 최상의 돌봄과 관련된 서비스 제공기관 및 조직에 대한 목록, 즉 '편람(resource directory)'을 개발해 두었을 수 있다. 그러나 대개의 지역사회들은 특정 돌봄제공 상황에 맞춰진 편람을 가지고 있는 경향이 있으며, 대부분 다양한 집단 사이의 조정이 되지 않아 중복된 정보를 담고 있는 경우가 많다.

기관들은 그 지역사회의 자원들, 예를 들면 노인 관련 기관, 공공 보건부서, 지역사회 정신건강 프로그램, 공공 복지기관, 의료기관과 요양원의 사회 서비스 부서 등에 대한 정보를 가지고 있다. 대다수 지역사회 내 자원봉사조직들에는 전국가족돌봄제공자연합, 미국은퇴자연합, 전국정신건강협회, 알츠하이머 협회, 정신질환전국연합회의 각 지회가 포함되어 있다. 이들은 돌봄제공자에게 좋은 자원을 제공하고 이용 가능한 서비스에 대한 편람이나 정보를 제공할 수 있는 기관 및 조직의 대표적 예라고 할 수 있다.

또한 대부분의 지역사회 내에는 가용자원에 대해 뛰어난 정보를 가진 개인들도 있다. 이들은 대부분 앞에서 언급한 기관 혹은 다른 유사 기관 및 조직들에 가입되어 있다.

이 장을 시작하기 전에 프로그램 지도자는 사용 가능한 지역사회 서비스를 설명하는 브로슈어나 사용 가능한 편람을 알아 둬야 한다. 또한 지역사회의 자원에 대해 많이 알고 있는 사람을 세션에 초대하여 발표하게 하고, 질의응답하게 하는 것도 도움이 된다.

지도자는 프로그램 참여자들의 욕구 및 특정 관심사와 연관된 자원들을 확인하고 구분해 둬야 한다. 이런 정보들은 제1장에서 완성된 정보서식과 이전 세션들을 통해 나눈 참여자들 간의 정보를 통해서 얻을 수 있다.

2. 주요 개념과 방법

(선택적) 집단 활동

참여자들이 오기 전에 의자, 책상 및 기타 물건들을 정돈되지 않은 상태로 놔 둔다. 참여자들이 도착한 후에 자리를 정돈하지 말고 그냥 참여자들이 어디에 앉을지, 교실을 재정리할지를 결정하도록 한다. 수업이 시작되고 몇 분 후 교실에 잠깐 들어간 뒤에 교실 정리에 대해 아무런 도움이나 조언을 제공하지 말고 다시 교실을 나온다. 그러고 나서 다시 몇 분 후 교실로 돌아간다.

참여자들에게 그들이 교실에 도착했을 때 어떻게 느꼈는지 그리고 교실이 정돈되지 않았다는 것을 발견했을 때 어땠는지 물어본다. 참여자들이 느꼈던 감정들은 무엇인가? 그들이 교실에 도착했을 때, 교실의 모습을 보았을 때 그들이 어떻게 반응했는지에 대한 경험을 활용하여 '서비스와 자원이 혼란되고 분리된 체계 속에서 돌봄제공자들이 어떻게 느끼고 반응하는지'에 대해 토론한다. 그리고 당신이 맨 처음 참여자들에게 아무 도움을 주지 않았을 때를 돌봄제공 체계에서 가족 돌봄제공자들이 경험하게 되는 도움이나 협조가 부족한 상황과 연관지어 토론한다(이 활동은 약 20분간 진행한다).

1) 소 개

돌봄제공자를 위한 자원 및 서비스의 공식 체계와 상호작용을 시도할 때 우리는 종종 '낯선 환경에 있는 낯선 사람'과 같은 기분을 느낀다. 이는 특히 가족 돌봄제공자들에게 해당되는 말이나, 불행하게도 상당수의 전문 돌봄제공자들에게도 역시 해당된다. 우리가 돌봄이 필요한 사람을 돕기 위해 노력할 때, 우리는 그들의 욕구를 충족시킬 수 있는 돌봄을 위한 통합적이고 상호우호적인 체계를 찾기를 기대한다. 그러나 우리가 찾은 것은 단편적이며 조직화되지 않고 우호적이지 않은 그리고 자주 변화하는 체계라는 것을 알게 된다.

앤 턴벌(Ann Turnbull)(Halvorsen et al., 1989, p. 253)은 발달장애아동 부모의 경우를 인용하여 휴먼 서비스 체계를 묘사하였는데, 그에 따르면 휴먼 서비스 체계는 '일관성 없는 목적, 기능, 자격조건, 재원, 정부 권한, 책임성을 가진 다중의 프로그램들이 체계를 갖추지 못하고 있으며, 프로그램들은 장애아동을 위한 기능을 제대로 하지 못하고, 단지 비차별적 실천만을 겨우 했을 뿐'이라고 묘사하였다.

CARE-NET 연구(Nottingham et al., 1993)에 참여한 중서부 조지아 지역에서 온 가족 돌봄제공자 중 한 사람은 다음과 같은 말을 하였다. "나는 조직들이 아무런 도움도 주지 않는다고 느낍니다. 나는 여러 번 쫓겨난 경험이 있습니다. 자원은 항상 가능성이 없는 막다른 길에 있는 것 같습니다. 나는 내 여동생을 위해 앞으로 나서야 합니다. 그러나 우울함은 결코 사라지지 않습니다. 이 체계는 정말 잘못된 것 같습니다."

교수자료 5-1: 체계

우리가 '체계'라 부르는 것은 과연 무엇인가? 왜 이것은 이렇게 많은 비난을 받는 것인가? 우리가 돌봄제공자로서 체계를 효과적으로 사용하기 위해 해야 할 가장 중요한 일은 무엇인가?

'체계'에 대해 이야기할 때, 사람들은 일반적으로 공/사 기관과 조직 등의 공식적인 돌봄제공 체계를 묘사한다. 이는 자원들의 큰 집합체다. 우리가 체계라는 것에 부여하고 있는 특징들은 어떤 것이 있는가? (전형적인 특성은 다음과 같다.)

활동 1 체계의 특징

체계와 연관된 특징에 대해 참여자들에게 물어본 후 칠판에 적는다.

- 비우호적
- 비인간적
- 문제중심적
- 체계 자체의 이익 고수
- 다른 언어의 사용
- 서비스 간의 비연결성
- 자원 간의 의사소통 부족
- 전문가들의 비협조적 태도
- 다양하고 일관적이지 않은 비용
- 전문 돌봄제공자들이 사용하는 전문용어

앞에서 언급한 체계의 특징들 대부분은 부정적 경향을 띠고 있다. 이런 부정적 이미지는 결국 가족 돌봄제공자들이 체계를 이용하는 데 있어 장애물로 작용한다.

현실적으로 체계는 기관이나 개인, 서비스 그리고 서비스를 제공하는 조직을 기술하는 최상의 용어가 아닐지도 모른다. 체계는 어떤 순서들과 자연스럽게 일이 진행되도록 하는 구성요소들을 내포하고 있다. 더 적합한 단어는 '네트워크'일 것이다. 체계는 또한 도움을 구하는 사람들 개인의 경험과 그 경험이 긍정적이었는가 혹은 부정적이었는가에 따라 사람들에게 서로 다른 의미를 가진다.

교수자료 5-2: 체계(The system)

벤자민 프랭클린(Benjamin Franklin)은 "신은 스스로 돕는 자를 돕는다."라는 명언으로 자주 인용되는데, 크래이그 쉴즈(Craig Shields, 1987)에 따르면, "체계는 체계를 잘 아는 사람들을 돕는다."라고 바꿔 말할 수 있다. 체계에 대한 지식을 개발하는 것이 필요하지만, 체계 전체를 완전히 아는 것은 거의 불가능한데, 특히 보다 큰 지역사회일 경우 더욱 그러하다. 그럼에도 불구하고 여전히 체계에 대해 가능한 한 많이 알아야 하며, 체계를 두려워해서는 안 된다. 결국 체계란 단지 "서비스 전달과 연관된 사람들, 기관들, 정책들의 총합" 일 뿐이다(Shields, p. 56).

2) 세션의 목적

교수자료 5-3: 세션의 목적

유인물 5-1: 세션의 목적

이 세션의 목적은 다음과 같다.

- 지역사회 내 돌봄을 제공하는 자원 접근에 대한 방해물 규명
- 돌봄과 서비스 체계를 진행하는 실천적인 가이드라인과 전략 제공
- 참여자들이 속한 지역사회의 구체적인 정보를 가진 사람, 편람, 자원 가이드 제공
- 참여자 각각이 지닌 개인의 지원체계를 확인하고 이를 사용할 수 있도록 보조

3) 체계 탐색하기

교수자료 5-4, 5-5: 체계 탐색하기

유인물 5-2: 체계 탐색의 가이드라인

체계 탐색을 위한 몇 가지 기본적인 가이드라인이 여러 사람들의 기여를 통해 준비되었는데, 10개의 가이드라인을 제안하면 다음과 같다.

① 숙제하기–체계 탐색을 시작하기 전에 준비하라

- 당신이 돌보고 있는 사람에 대한 중요한 정보를 수집한다(건강상태, 보험 적용범위, 가족의 재정 문제 및 강점, 개인적 정보).
- 전문가와의 미팅이나 회의를 위해 사전준비를 한다.
- 자기 지역 내 자원 및 서비스에 대해 가능한 한 전부 익혀 둔다(이용 가능한 서비스의 종류, 자격기준, 서비스 철학).
- 체계 내 기관들 및 개인들에 대한 경험을 다른 사람들과 나눈다.

② 최악의 상황에 대비하라. 그러나 가능한 한 긍정적인 태도를 유지하라

- 지연시키는 것, 잘못된 정보나 도움이 되지 않은 사람 그리고 좌절과 같은 것은 제외시킨다.
- 관점을 유지하고 사소한 것에 과도하게 집중하지 않는다.
- 체계 내 다른 사람들에 대해 지나치게 흠잡지 않도록 노력한다.

③ 당신이 돌보는 사람을 위한 잠재적 서비스들을 평가하라

- 그 서비스가 정말 필요한가?
- 좀 더 효과적으로 전달되는 방법은 무엇인가?
- 잠재적인 이득과 위험은 무엇인가?
- 그 서비스가 지니는 비용 대비 효과성은 어떠한가?

④ 가장 적합한 서비스가 무엇인지에 대해 결정을 내릴 때, 가능한 한 당신이 돌보는 사람을 포함시켜라. 그리고 지속적으로 당신의 상황(성공, 좌절)에 대해 알려 주라

⑤ 기관, 조직, 개인들과 맺은 계약 및 경험에 대해 기록해 두라

- 자신의 경험과 정보를 기록하고 저장한다(날짜, 시간, 이야기 나눈 사람의 이름과 그 사람들이 한 이야기 등).

- 모든 것을 복사해 둔다(서비스 제공자로부터 온 편지, 보험 관련 서류 등).

⑥ 자원을 찾아내고 토론하고 평가하는 데 도움을 주기 위해 개발된 지침, 형식, 리스트를 사용하라

- 전화질문 체크리스트
- 서비스 평가 체크리스트
- 서비스 제공자 대상 설문지

⑦ 자신이 돕는 대상자를 위한 최선의 방법을 찾고 그들의 이익을 위한 활동을 포기하지 말라

- 가능하다면 체계 안에서 적절한 채널을 이용하여 일한다.
- 체계 내에서 관심을 갖지 않는다면 체계에 압력을 행사한다. 그러나 당신의 상황, 성공 가능성, 가능한 반향 등을 고려한다.

⑧ 자기 자신 및 다른 사람을 위한 옹호자가 되라. 다른 사람들로부터의 옹호를 받아들여라

- 자신과 자신이 돌보는 사람을 위해 말한다.
- 가족 구성원, 친구, 동료, 전문가협회, 조직으로부터 협력을 받는다.
- 조직적인 지원 그룹에 참여한다.

⑨ 자신과 다른 사람들(전문가, 가족 구성원, 돌봄제공자)의 한계를 인정하라

⑩ 당신이 할 수 있는 모든 연구와 준비가 끝났다면 사랑하는 사람 혹은 클라이언트의 돌봄과 관련된 결정을 내릴 때 당신 자신의 판단과 직감을 신뢰하라

4) 지역 내 구체적인 자원

적용하기: 프로그램 지도자를 위한 노트(p. 180) 참조

유인물 5-3: 미국의 돌봄제공자를 위한 자원

편람과 해당 지역의 서비스 브로슈어(만약 있다면)

자신의 지역사회 자원에 대한 정보를 수집하는 것은 어려운 작업일 수 있다. 그러나 도움이 되는 자원의 정보와 문서화된 지침들이 있다.

또한 돌봄제공자에게 정보를 제공하는 것을 그들의 서비스 중 하나로 하고 있는 국가와 지역 조직, 협회 등이 많이 있다. 우리는 가장 유명한(중요한) 조직의 이름, 주소, 전화번호, 홈페이지 등의 리스트를 준비해 왔다.

5) 자원 이용에 있어서의 추가적 장애물들

'체계' 그리고 우리와 체계 간의 상호작용에 대한 논의에서 우리는 체계에 대한 접근을 방해하는 외적 혹은 실무적 장벽에 관한 것만을 다루었다. 그러나 자원 접근을 방해하는 내적인 또는 태도적 장벽(가치장벽이라고도 하는)도 있는데, 어떤 것들이 있을까?

집단 토론

칠판에 응답 적기

가장 일반적인 태도적 혹은 가치적 장벽은 다음과 같다.

- 돌봄에 대한 책임을 당신 혼자 지고 있다는 신념
- 당신만큼 많이 돌보는 사람은 없다는 신념

- 당신만큼 돌봄제공이라는 직무를 훌륭히 수행해 내는 사람이 없다는 신념
- 타인에게 짐이 될까봐 지나치게 염려함
- 자부심(자존심이 너무 강해 도움을 요청할 수 없음)
- 실패 혹은 실망에 대한 두려움

교수자료 5-6: 도움제공자(help-giver)-도움 찾는 자(help-seeker)

돌봄제공자로서의 역할을 수행하는 가운데 우리는 '도움제공자'일 때가 있으며 또한 '도움 찾는 자'일 때가 있다. 칼 던스트 등(Carl Dunst et al., 1989, p. 125)에 따르면, 도움이 도움 찾는 자와 긍정적인 관계를 가지고 있는 사람들로부터 제공될 때 좀 더 효과적이라고 한다. 도움 찾는 자는 다음과 같은 조건일 때 좀 더 우호적으로 도움제공에 반응할 것이다.

- 도움을 구하는 자가 도움제공자에게 보답할 수 있는 기회가 주어지는 경우
- 도움제공 교환이 도움을 구하는 자와 도움제공자 사이의 사회적 차이를 줄이는 경우
- 도움 구하기가 자긍심이나 익명성을 위협하거나 자유의 상실을 의미하지 않는 경우

도움을 제공할 때 우리는 도움 찾는 자의 관심사에 민감해야 한다. 돌봄제공자인 우리는 우리가 돌보는 사람들의 최선의 장기적 이익과 우리 자신의 최선의 이익에 부합하는 한 도움 찾는 자로서의 역할을 기꺼이 받아들여야 한다.

6) 사회적 지원체계

우리에게 사용 가능한 자원들을 좀 더 잘 사용하기 위해 우리의 관점을 넓히고 사회적 지원체계를 완성할 필요가 있다. 이것은 제2장에서 자기 스스로를 돌보는 방법의 하나로 언급된 바 있다. 〈유인물 2-11(A)〉에서 사용한 연습을 다시 확인해 보자. 우리의 사회적 지원체계는 돌봄제공 체계를 포함한다. 그러나 사회적 지원체계는 더 많은 자원들 역시 포함하고 있다.

- 부모
- 친척
- 배우자
- 친구
- 자녀
- 지지 그룹
- 시민 그룹
- 성직자와 교구
- 학교
- 동료

집단 토론

시간이 허락된다면 참여자들과 함께 그들의 사회적 지원체계 내의 어떤 자원이 유용하였고, 유용하지 않았는지 논의한다. 또한 자원의 사용을 방해하는 그들의 태도나 가치장벽에 대해 토론한다.

때때로 우리는 사회적 지원체계 내의 중요한 인물을 간과하거나 혹은 태도나 가치장벽 때문에 자원의 사용을 방해받는 경향이 있다. 우리가 돕는 사람들에게 최선의 돌봄을 제공하기 위해서 사회적 지원체계 안의 모든 잠재적 자원을 파악하는 것은 매우 중요하다. 사회적 지원체계와 잠재적 장애물, 양쪽 모두를 자세히 살펴보는 것은 사회적 지원체계를 좀 더 효과적으로 사용하기 위한 첫 번째 단계다.

7) 마무리

참여자들을 위한 활동 종결: 몇 주간에 걸친 활동 이후 참여자들을 프로그램 종결과 관련된 활동에 참여시키고 긍정적이고 향상적인 분위기로 끝내는 것이 좋다. 종결활동을 위한 두 가지 방법이 다음에 있다. 지도자는 두 가지 방법 이외에 더 적절하다고 생각되는 다른 활동을 할 수도 있다.

활동 1: 참여자들에게 프로그램에서 특별히 도움이 되었던 한 가지에 대해 공유할 수 있도록 묻는다. 모든 참여자들이 말한 이후 지도자는 참여자들을 위한 프로그램의 긍정적인 면에 대해 말한다.

활동 2: 프로그램의 유용한 점에 대한 의견을 말할 수 있도록 참여자들을 초대한다. 참여자들에게 한 가지 긍정적인 면에 대해 묻지 않는다. 대신 참여자 중 아무나 말할 수 있도록 한다. 의견을 말하기 원하는 사람들의 발언이 모두 끝난 후 지도자는 참여자들을 위한 프로그램의 긍정적인 면에 대해 말하면서 종결한다.

참여자 평가 〈유인물 5-4(A)〉: 참여자들에게 프로그램 평가서를 작성한 후 지도자에게 제출하도록 한다.

수료증: 수료증을 나눠 주기로 하였다면 마지막 세션 전에 준비하여 참여자들에게 나눠준다.

참고문헌

Dunst, C. J., Trivette, C. M., Gordon, N. J., & Pletcher, L. L. (1989). Building and mobilizing informal family support networks. In G. H. S. Singer & L. K. Irvin (Eds.), *Support for caregiving families*. Baltimore: Paul H. Brookes.

Halworsen, A. T., Doering, K., Farron-Davis, F., Usilton, R., & Sailor, W. (1989). The role of parents and family members in planning severely disabled students' transitions from school. In G. H. S. Singer & L. K. Irvin (Eds.), *Support for caregiving families*. Baltimore: Paul H. Brookes.

Nottingham, J. A., Haigler, D. H., Smith, D. L., & Davis, P. (1993). *Characteristics, concerns and concrete needs of formal and informal caregivers: Understanding and appreciating their marathon existence*. Americus, GA: The Rosalynn Carter Institute for Human Development, Georgia Southwestern State University.

Shields, C. V. (1987). *Strategies: A practical guide for dealing with professionals and human service systems*. Richmond Hill, Ontario: Human Service Press.

3. 영상/슬라이드

교수자료(소개)

자원에 대한 접근과 개발

교수자료 5-1

체계

The

S T

Y

S E

M

교수자료 5-2

체계(The System)

"서비스 전달과 연관된 사람, 기관, 정책의 총합이다." (Shields, 1987)

교수자료 5-3

세션의 목적

- 지역사회 내 돌봄을 제공하는 자원 접근에 대한 방해물 규명
- 돌봄과 서비스 체계를 진행하는 실천적인 가이드라인과 전략 제공
- 참여자들이 속한 지역사회의 구체적인 정보를 가진 사람, 편람, 자원 가이드 제공
- 참여자 각각이 지닌 개인의 지원체계를 확인하고 이를 사용할 수 있도록 보조

교수자료 5-4

체계 탐색하기 1

- 숙제하기
- 최악의 상황 준비하기(그러나 긍정적인 태도 유지하기)
- 잠재적 서비스 평가하기
- 서비스 결정 시 돌봄을 받는 사람을 참여시키기
- 기록하기

교수자료 5-5

체계 탐색하기 2

- 다른 사람들이 개발한 지침서와 형식을 사용하기
- 포기하지 않기
- 옹호하기 그리고 옹호를 받아들이기
- (당신과 다른 사람들의) 한계를 받아들이기
- 당신 자신의 판단을 신뢰하기

교수자료 5-6

도움제공자 – 도움 찾는 자

도움제공자(Help-Givers)

도움 찾는 자(Help-Seeker)

4. 유인물

로잘린 카터 케어기빙 연구소에서는 『케어기버 지원 프로그램: Caring for You, Caring for Me(2판)』 구매자에게는 유인물 복사를 허용한다.

유인물 5-1

세션의 목적

- 지역사회 내에서 돌봄제공 자원에 접근을 막는 장애물 규명하기
- 돌봄과 서비스 체계를 진행하기 위한 실천적인 가이드라인과 전략을 참여자들에게 제공하기
- 참여자들에게 자원 가이드, 편람, 그들의 지역사회에 대한 자세한 정보를 가진 사람들을 소개하기
- 개인적 지원체계를 찾고 사용할 수 있도록 참여자들을 돕기

유인물 5-2

체계 탐색의 가이드라인

1. 숙제하기–체계 탐색을 시작하기 전에 준비하라.

- 당신이 돌보고 있는 사람에 대한 중요한 정보를 수집한다(건강상태, 보험 적용범위, 가족의 재정 문제 및 강점, 개인적 정보).
- 전문가와의 미팅이나 회의를 위해 사전준비를 한다.
- 자기 지역 내 자원 및 서비스에 대해 가능한 한 전부 익혀 둔다(이용 가능한 서비스의 종류, 자격기준, 서비스 철학).
- 체계 내 기관들 및 개인들에 대한 경험을 다른 사람들과 나눈다.

2. 최악의 상황에 대비하라. 그러나 가능한 한 긍정적인 태도를 유지하라.

- 지연시키는 것, 잘못된 정보나 도움이 되지 않은 사람 그리고 좌절과 같은 것은 제외시킨다.
- 관점을 유지하고 사소한 것에 과도하게 집중하지 않는다.
- 체계 내 다른 사람들에 대해 지나치게 흠잡지 않도록 노력한다.

3. 당신이 돌보는 사람을 위한 잠재적 서비스들을 평가하라.

- 그 서비스가 정말 필요한가?
- 좀 더 효과적으로 전달되는 방법은 무엇인가?
- 잠재적인 이득과 위험은 무엇인가?
- 그 서비스가 지니는 비용 대비 효과성은 어떠한가?

4. 가장 적합한 서비스가 무엇인지에 대해 결정을 내릴 때, 가능한 한 당신이 돌보는 사람을 포함시켜라. 그리고 지속적으로 당신의 상황(성공, 좌절)에 대해 알려 주라.

5. 기관, 조직, 개인들과 맺은 계약 및 경험에 대해 기록해 두라.

- 자신의 경험과 정보를 기록하고 저장한다(날짜, 시간, 이야기 나눈 사람의 이름과 그 사람들이 한 이야기 등).
- 모든 것을 복사해 둔다(서비스 제공자로부터 온 편지, 보험 관련 서류 등).

6. 자원을 찾아내고 토론하고 평가하는 데 도움을 주기 위해 개발된 지침, 형식, 리스트를 사용하라.

- 전화질문 체크리스트
- 서비스 평가 체크리스트
- 서비스 제공자 대상 설문지

7. 자신이 돕는 대상자를 위한 최선의 방법을 찾고 그들의 이익을 위한 활동을 포기하지 말라.

- 가능하다면 체계 안에서 적절한 채널을 이용하여 일한다.
- 체계 내에서 관심을 갖지 않는다면 체계에 압력을 행사한다. 그러나 당신의 상황, 성공 가능성, 가능한 반향 등을 고려한다.

8. 자기 자신 및 다른 사람을 위한 옹호자가 되라. 다른 사람들로부터의 옹호를 받아들여라.

- 자신과 자신이 돌보는 사람을 위해 말한다.
- 가족 구성원, 친구, 동료, 전문가협회, 조직으로부터 협력을 받는다.
- 조직적인 지원 그룹에 참여한다.

9. 자신과 다른 사람들(전문가, 가족 구성원, 돌봄제공자)의 한계를 인정하라.

10. 당신이 할 수 있는 모든 연구와 준비가 끝났다면 사랑하는 사람 혹은 클라이언트의 돌봄과 관련된 결정을 내릴 때 당신 자신의 판단과 직감을 신뢰하라.

유인물 5-3

미국의 돌봄제공자를 위한 자원

노인부(Administration on Aging)

www.aoa.gov

AoA는 노인을 위한 연방정부 프로그램을 개발하고 지역사회 서비스를 조정한다. AoA 웹사이트에서 Eldercare Locator and Benefits CheckUp과 같은 돌봄제공자에게 유용한 자원에 링크할 수 있다.

미국은퇴자협회(American Association of Retired Persons(AARP))

www.aarp.org

돌봄제공과 돌봄제공 관련 주제, 건강과 안녕, 돌봄제공자에게 중요한 최신 법조항에 관한 정보를 제공한다.

가족 케어기버 연합(The Family Caregiver Alliance)

www.caregiver.org

집에서 장기적인 케어를 제공하는 가족과 친구의 요구에 부응하기 위한 미국 최초의 지역사회 기반 비영리 조직이다.

미국 케어기빙 연합(National Alliance for Caregiving)

www.caregiving.org   E-mail: info@caregiving.org

가족 돌봄제공자와 그들을 돕는 전문가들을 지원하고 가족 돌봄제공에서의 문제에 대한 사회의 인식 제고를 위해 노력한다.

미국 가족 케어기버 연합(National Family Caregivers Association)

www.nfcacares.org

자신을 위해 말할 수 있는 시간과 에너지를 갖지 못한 사람들을 대변하는 데 헌신한다. NFCA에 회원가입한 가족 돌봄제공자들은 무료로 돌봄제공자 환영세트와 계간지를 받아볼 수 있다.

로잘린 카터 케어기빙 연구소(Rosalynn Carter Institute for Caregiving)

www.rosalynncarter.org

RCI는 지역, 주 및 국가와의 파트너십을 통해 보다 효과적인 장기 돌봄 시스템을 구축하여 미국의 이름 없는 영웅들을 인정하고 지원한다. 이들은 수백만의 가족 및 전문 돌봄제공자들로서 사심 없는 서비스의 모델과 미래를 위한 희망을 보여주는 사람들이다.

건강한 배우자 재단(The Well Spouse Foundation)

www.wellspouse.org

만성 질환자의 건강한 배우자를 위한 지원과 정보를 제공한다(설립자 Maggie Strong은 Mainstay의 저자다).

유인물 5-4(A)

케어기버 지원 프로그램:
Caring for you, caring for me

이 프로그램에 참여해 주심에 감사드립니다. 앞으로 프로그램을 발전시키기 위해 여러분의 솔직한 피드백이 필요합니다. 이 설문지를 작성해 주십시오. 감사합니다.

- 날짜:
- 장소:
- 프로그램 지도자:

케어기버 지원 프로그램에 대한 내용입니다. 다음의 해당란에 체크해 주십시오.

항 목	매우 만족	만 족	보 통	불만족
1. 교육의 질				
2. 제공된 교육자료 및 정보				
3. 다룬 주제들				
4. 주제의 구성				
5. 교육환경				
6. 휴식				
7. 전반적인 평가				

다음은 이 프로그램에서 다룬 다섯 가지 주제입니다.

① 돌봄제공자가 된다는 것은 무엇을 의미하는가

② 자기 자신을 돌보기

③ 협력관계 맺기

④ 문제의 예방과 해결

⑤ 자원에 대한 접근과 개발

8. 어떤 주제가 가장 도움이 되었습니까?

① ② ③ ④ ⑤ (한 개 선택하기)

이유: ______________________________

9. 도움이 되지 않았던 것은 무엇입니까?

① ② ③ ④ ⑤ (중복응답 가능)

이유: ______________________________

10. 강의시간이 좀 더 길었으면 하는 주제는 무엇입니까?

① ② ③ ④ ⑤ (중복응답 가능)

11. 강의시간이 좀 더 짧았으면 하는 주제는 무엇입니까?

① ② ③ ④ ⑤ (중복응답 가능)

12. 이 프로그램에서 바꾼다면 무엇을 바꾸고 싶습니까?

____

13. 전문가와 가족 돌봄제공자 모두가 포함된 집단 활동이 어느 정도 도움이 되었습니까?

☐ 매우 도움 되었다 ☐ 다소 도움 되었다

☐ 도움 되었다 ☐ 도움 되지 않았다

의견: ____________________

14. 당신이 아는 다른 돌봄제공자에게 이 프로그램을 추천하시겠습니까?

☐ 그렇다 ☐ 아니다

15. 당신은 어디에 속하십니까?

☐ 전문 돌봄제공자

☐ 가족 돌봄제공자

☐ 자원봉사 돌봄제공자

16. 이 프로그램에 대한 추가적인 의견이 있으면 다음에 작성해 주십시오.

____

____

____

저자 소개

David H. Haigler는 조지아 사우스웨스턴 주립대학교(조지아 주 아메리쿠스 소재)의 돌봄제공을 위한 로잘린 카터 케어기빙 연구소(RCI)의 비상근 상담원이다. 그는 정신보건, 인간 서비스 그리고 교육 분야에서 30년 이상의 경험을 가진 사회복지사이며, 조지아 주의 공공관리 자격을 가지고 있다. 헤글러 박사는 『케어기버 지원 프로그램, 초판(*Caring for You, Caring for Me: Education and Support for Family & Professional Caregivers*)(1st ed.)』의 책임 저자이며, 『돌봄과 유능한 돌봄제공자(*Caring & Competent Caregivers*)』의 공동 저자다. 그는 돌봄제공자를 위한 지원 프로그램, 훈련, 교육과 관련된 여러 학술논문을 공동으로 발표하였고, 미국 전역에서 돌봄제공과 관련된 많은 발표와 워크숍을 진행해 왔다. 그는 조지아 대학교에서 교육과정과 슈퍼비전에 관한 교육학 박사학위를 받았다.

Laura J. Bauer는 현재 조지아 사우스웨스턴 주립대학교의 로잘린 카터 케어기빙 연구소(RCI)에서 진행하는 존슨 & 존슨/로잘린 카터 케어기빙 연구소 돌봄제공자 프로그램의 책임자다. 1998년부터 RCI에서 일해 왔고 RCI의 훈련 프로그램 『케어기버 지원 프로그램, 2판』 『돌봄과 유능한 돌봄제공자』의 공동 저자다. 돌봄제공과 관련된 2개의 학술논문을 공동으로 발표하였고, 미국과 캐나다에서 발표와 워크숍을 진행해 오고 있다. 콜럼버스 주립대학교에서 심리학 학사와 공공행정학 석사학위를 받았고, 조지아 사우스웨스턴 대학교의 노년학과정을 수료하였다.

Kathryn B. Mims는 조지아 주 알바니에 있는 제일 침례교회의 노년과 여성국의 책임을 맡고 있다. 그녀는 조지아 주의 사회복지사이며, 25년 이상 노년학, 돌봄제공, 가족관계, 의사소통 기술 등의 영역에서 교육 프로그램과 워크숍을 개발하고 진행해 왔고 『케어기버 지원 프로그램, 초판』의 공동 저자다. 또한 미네소타의 미네아폴리스 가족정보 서비스 기관에서 일했으며, 전문적인 학술지 등에 논문을 발표하였다. 현재 로잘린 카터 케어기빙 연구소의 사우스웨스트 조지아 CARE-NET, SOWEA Council on Aging Advisory Board 그리고 알츠하이머 돌봄제공자연합회 기획위원회(사우스웨스트 조지아 지부)에서 활동하고 있다. 조지아 대학교에서 사회복지학 석사, 아동과 가족 발달에 관한 박사학위를 받았으며, 노년학과정을 수료하였다.

역자 소개

• RCI-KOREA 케어기빙 연구소

김윤정
영국 University of Bath 사회복지학 박사
고려사이버대학교 사회복지학과 교수

방기연
미국 University of Iowa 상담학 박사
고려사이버대학교 상담학과 교수

이민영
이화여자대학교 사회복지학 박사
고려사이버대학교 사회복지학과 교수

이서원
연세대학교 사회복지학 박사
고려사이버대학교 사회복지학과 교수

정 은
숭실대학교 사회복지학 박사
고려사이버대학교 사회복지학과 교수

지승희
이화여자대학교 상담심리학 박사
고려사이버대학교 상담학과 교수

케어기버 지원 프로그램
Caring for You, Caring for Me

2011년 7월 15일 1판 1쇄 인쇄
2011년 7월 20일 1판 1쇄 발행

지은이 • David H. Haigler · Laura J. Bauer · Kathryn B. Mims
옮긴이 • RCI-KOREA 케어기빙 연구소
펴낸이 • 김진환
펴낸곳 • (주) 학지사
121-837 서울시 마포구 서교동 352-29 마인드월드빌딩 5층
대표전화 • 02-330-5114 팩스 • 02-324-2345
등록번호 • 제313-2006-000265호

홈페이지 • http://www.hakjisa.co.kr
커뮤니티 • http://cafe.naver.com/hakjisa

ISBN 978-89-6330-664-3 93330

정가 16,000원

역자와의 협약으로 인지를 생략합니다.
파본은 구입처에서 교환해 드립니다.

이 책을 무단 전재 또는 복제 행위 시 저작권법에 따라 처벌을 받게 됩니다.

인터넷 학술논문 원문 서비스 뉴논문 www.newnonmun.com